Silence Is Not Golden
Strategies for Helping the Shy Child

親子でできる

引っ込み思案な子どもの支援

著■クリストファー・A・カーニー
監訳■大石幸二

学苑社

Silence is Not Golden: Strategies for Helping the Shy Child
by Christopher A. Kearney, Ph.D.

Copyright©2011 by Oxford University Press Inc

Silence is Not Golden: Strategies for Helping the Shy Child, First Edition was originally published in English in 2011. This translation is published by arrangement with Oxford University Press.

本書のねらい

　本書は親と教師に、慢性的な引っ込み思案と、児童や青年に好発する問題（心配事、場面緘黙、過緊張など）に関する情報を提供することをねらいとしている。著者のカーニー（Kearney, C. A.）は、子どもの不安障害のエキスパートで、極度の引っ込み思案、心配事、回避行動を示す引っ込み思案のタイプを見極め、その臨床像に応じた明確な取り組みを提案している。もちろん、将来これらの子どもが問題を再燃することがないよう、学校やその他の生活場面で必要な社会的な関わりを促進する方法についてもハッキリと示している。社会不安や場面緘黙、他の不安障害（たとえば、分離不安やある種の恐怖症）も、特定の場面で子どもを引っ込み思案にさせることがある。これらについても本書では検討した。本書に示された事例やそのタイプ、ワークシートなどは、不安や心配事への対処を促進するため、実際の練習場面を想定して作成されている。また、ソーシャルスキルを発展させることにも気を配っている。本書は親や教師に役立つ情報を提供しているばかりでなく、引っ込み思案な子どもの支援にあたる精神衛生専門家にも役立つ考え方を示している。

目　次

本書のねらい　1

第1章　引っ込み思案の定義　5
引っ込み思案とは何か、対人場面とは何か　6
引っ込み思案の様々なタイプ　8
引っ込み思案の現れ方　10
引っ込み思案は問題か？　11
内気な性質の継続　12
本書の有効性　14
本書の構成　17
成否の基準　18
本書で説明される方法を試してもうまくいかない場合　20
教師とのコミュニケーション　20

第2章　子どもの社会行動の評価　23
引っ込み思案の原因　24
引っ込み思案は時間経過に沿ってどのように変わるか？　30
極度の引っ込み思案と言えるかどうかの評価　32
極度の引っ込み思案に取り組むための方法　42

第3章　家庭で行なえる練習　45
極度の引っ込み思案を克服しようとする子どもに報酬を与えること　47
他の人と関わったり、人前で何かするよう励ますこと　52
対人行動に報酬を与える学校関係者との協働　56
よくある落とし穴の回避　59
すべきことと、すべきでないこと　68

第4章　地域社会や学校で自分でできる練習　71
階層を定める――第1段階　73
地域社会での練習――第2段階（難度低）　81
学校を舞台とする練習――第2段階（難度高）　87
学校関係者との協働――第3段階　92
子どもと協力する際によくある落とし穴の回避　93
すべきことと、すべきでないこと　94

第5章　ソーシャルスキルの促進　97
ソーシャルスキルとは何か　99
内気な子のソーシャルスキルの発達　103
他者の視点に立つこと　114
感情を見極めること　116
ソーシャルスキルと自分でできる練習　118
ソーシャルスキル・トレーニングにおける学校関係者との協働　125
すべきことと、すべきでないこと　127

第6章　リラクセーションと現実検討力の支援　129
呼吸法　131
筋弛緩　133
心配事の検討　136
すべきことと、すべきでないこと　155

第7章　効果の維持と特別な問題　157
子どもの効果を維持すること　158
子どもに関する特別な留意点　162
本書で説明する方法が有効でなかったら　169
最終的なコメントと他の資源　171

監訳者あとがき　172
文献　174
索引　176

装丁　有泉武己　／　装画　はやしみこ

第1章 引っ込み思案の定義

　「サマンサはとても内気で、学校では自分から他の子に近づこうとしない。彼女のことが心配である。私たちにできることは何か」
　「エバンはよく泣き、他の子と一緒にいても嬉しそうでない。息子の様子は私たちの心配の種である。私たちにできる手助けは何か」
　「ジェイダンは誰とも話さない、と学校から指摘された。彼女はなぜ話そうとしないのか。彼女の身に何が起きたというのか」
　「ライアンは大勢の前ではうつむきがちで、友だちと遊びたがらない。彼は訪問教育を望んでいる。私たちは戸惑っている。彼に訪問教育を受けさせるべきか」
　「イサベルは他の人と一緒にいると、頭痛や腹痛を訴える。誕生会でも他の集まりでも、早々に立ち去ろうとする。彼女が気楽に過ごせるために、私たちにできることは何か」
　「テイシは出不精で、内気である。彼女の心配性をそろそろ克服してほしい。私たちにできることは何か」

　これらの子どもたちの示す様子に馴染みはあるだろうか。これらの事例のように子どもが過度に内気で、他の子と一緒にいても嬉しそうでない時、家族は欲求不満になり、気の重さを感じ、戸惑うに違いない。それは無理もない。子どもが友だちをつくり、他の人との結びつきを深め、関わりを楽しむことを誰しも望むからである。子どもが他の人との関わりに困難を示したり、話し掛けるのを嫌がったりする時、どうしたものかと考えあぐねるであろう。何かできることはないか？　何が起こっているのか？　少しでも他の人との関わりに興味をもたせることができないか？　これらはごく当たり前の反応である。
　子どもが苦悩する様子は見るに耐えない。このまま友だちができなかったら

と心配になる。このことは過度に内気で、他の人との関わりに困難を示す子どもをかえって狼狽させる。そのようなメカニズムは理解が難しいので、引っ込み思案は悩ましい問題である。だが確信してよいのは、わが子が極度の引っ込み思案でも、友だち関係を深め、生き甲斐を見出すことが可能だということである。本書の主たる目的は、様々な引っ込み思案のタイプを理解し、保護者と子どもにそのタイプに応じた対処法を教えることである。特に本章では、引っ込み思案とは何かを説明し、本書の基本的な考え方を述べることにする。

引っ込み思案とは何か、対人場面とは何か

対人場面では、誰しも多少の気の重さを感じるものである（図1.1参照）。初対面の人と会ったり、人前で話をすることが平気な人もいる。私たちはこのような性質の人にいつも感嘆してしまう（図1.1の最も左の列）。けれどもたいていの人は、初対面の人と会ったり、採用面接に出向いたり、予定のわからない待ち合わせに出掛けるのは何となく気が重いはずである（図1.1の左から2番目の列）。これはごく当たり前の反応である。このような対人場面で感じる気の重さは、人や場に慣れ、自信がつくと次第に薄れていく。

しかし中には対人場面で少し強めに居心地の悪さを感じ、恥ずかしがる人も

| 対人場面や、人前で何かする場面でも平気でいられる | 初対面の人と関わる場面や、人前で何かする場面では気が重い | 対人場面や、人前で何かする場面では引っ込み思案になる | 対人場面や、人前で何かする場面では極度の引っ込み思案になる | 対人場面や、人前で何かする場面だと社会不安、社会恐怖、場面緘黙の症状を示す |

　　　　　　　　↑　　　　　　↑　　　　　　↑
　　　　　たいていの人　ある程度の人　本書で問題視
　　　　　が経験する　　が経験する　　する臨床像

図1.1　対人場面で感じる居心地の悪さの程度

いる（図1.1の中央の列）。たいていの人は引っ込み思案がどのようなものかを知っている。引っ込み思案な様子を見て、それをある程度識別できる。しかし、引っ込み思案には様々なタイプがある。引っ込み思案とは、おおよそ次のような状態を意味する。

- 他の人と一緒にいると体調不良を覚える
- 他の人から評価されることに過敏で、心配になる
- 対人場面から引きこもり、独りで行なう活動を追い求めやすい

　多くの人は内気な面をもっている。研究者は人口の20〜48％に内気さが見られると見積もっている。引っ込み思案は、多くの人がもつ気質や情動状態*ないしパーソナリティ特性である。引っ込み思案それ自体はごく当たり前のもので、決して悪いことではない。しかし、極度の引っ込み思案は問題視される臨床像であり、本書の対象である（図1.1の右から2番目の列）。
　一方、対人場面とは、他の人と関わったり、人前で何かする状況を指す。子どもは学校、教会、余暇施設、課外活動、スポーツイベント、合宿・パーティ・法事のような様々な場面で他の子や人との関わりをもつ。子どもは座学（教科の学習）、体育、音楽などの活動、あるいはその他自分の腕前を人前で披露する経験をもつ。テストや体育の試技、板書の視写、演奏公演、そして口頭発表などが人前での披露の例である。内気な子の多くはこれらの場面をうまく切り抜けるが、中にはうまくやり過ごせない子どももいる。過度に内気な子は、以下の場面でも問題を示しやすい。

- 電話の受け応え
- 教師など大人への援助の要求
- 体育の着替え

[訳者註]
＊情動状態：気分や感情の一過性の変化を「情動」という。そのような情動が呼び覚まされた心理状態が「情動状態」である。医用工学機器を用いて、他覚的・生理的指標を導出して把握される。

- 他の子への遊びの勧誘
- 食堂での注文や公の場での食事
- 集団やチーム協議への参加
- 人前での音読や授業中の発問への応答
- 会話の開始と維持
- 学校や公共施設のトイレ使用
- 学校の廊下通行と学生食堂での食事
- 班活動時の共同作業

わが子が過度に内気であれば、その様子を思い浮かべてほしい。上記のような場面で困難を抱えるだろうか。他につまずきやすい場面や状況があるか。家や公の場、学校を含む様々な場面については第2章で見ていく。内気な子にもうまくやれる場面がある。慣れ親しんだ場面であれば、うまくやれる。けれども、目新しく慣れていない場面だと、うまくいかないこともある。内気な子は上記で述べた以外の症状や行動を示すこともある。詳しくは以下で述べたい。

引っ込み思案の様々なタイプ

引っ込み思案には様々なタイプがある。だから、その様子を微に入り細にわたり検討するべきである。過度に内気な人は他の人と一緒にいるだけで体調不良を訴える。よく知らない人と一緒にいれば、なおさらである。イサベルが他の人と一緒にいるだけで、頭痛や腹痛を訴えたことを思い起こしてほしい。内気な人が皆、人と一緒にいるだけで体調不良を訴えるわけではない。しかし、中には身体症状を示す人もいる。引っ込み思案の1つ目の側面は身体症状に関連する。過度に内気な人が他の人と一緒にいるだけで示す身体症状には、以下のようなものがある。

- 赤面
- 息切れ、過呼吸
- 目まい

- 頻尿、下痢
- 頭痛、腹痛
- 動悸
- 筋緊張
- 吐き気、嘔吐
- 発汗
- 振戦（手足のふるえ）、身震い

　過度に内気な子の場合も、皆が身体症状を示すわけではないことに注意したい。一方、上記のリストにない身体症状を示す場合もあり得る。場面によっては過剰な反応が生じることもあるが、それだけで異常とは言いきれない。それは、採用面接に出向いたり、人前で話をしたり、予定のわからない待ち合わせに出掛けることを考えてみればわかる。これらの場面で動悸などの体調変化が現れることはあるが、私たちの大多数はこのような変化をコントロールできることや、時間が経てば症状が和らぐことを知っている。ただ、中には身体症状をコントロールできない人もいるのである。

　引っ込み思案の２つ目の側面は、対人場面で心配事が喚起されやすい特質である。過度に内気な人は時折、他の人から評価されることに過敏になったり、心配をしたりする。内気な人は他の人が考えていることに強い不安を感じたり、戸惑いや羞恥心を感じそうだと心配になったりする。むろん、これ以外の心配事や不安を抱くこともある。その例を以下に示す。

- 人前でさげすまれる行動をとりそう、気が重く感じそう
- 仲間から排除されそう
- 誰かに話し掛けたり手助けを求めても、無視されそう
- 人前でうまくやれそうにない、うまく切り抜ける方法が思いつきそうもない
- 対人場面で脅威を感じたり、傷つけられそう
- 赤面しそう

- 友だちができず、疎外されそう
- 否定的な評価を受けそう、嘲笑されそう
- 次々に困難を抱えることになりそう

　引っ込み思案の3つ目の側面は、具体的な行動に関連する。たとえば、他の人から引きこもり、一人で行なう活動を追い求める。サマンサのような内気な子は、自分から他の子に近づこうとせず、友だちと遊びたがらない。ただし喜んで人前でピアノの腕前を披露したり、友だちと遊べる内気な子もいる。それ以外の例として、内気な子の中には、以下のように振る舞うこともある。

- 対人場面を避けたり、逃れたりする
- 泣いたり、癇癪(かんしゃく)を起こしやすかったり、対人場面で大人にまとわりつく
- 震える声で話したり、対人場面で固まる
- 両親など大人の励ましを頻繁に求める
- 人前でクルクル回ったり、フラフラ揺れたりと奇妙な儀式行動を示す
- 他の人と話す時にほとんど目を見ない、ソーシャルスキルが使えない

　このように引っ込み思案は、①身体症状の併存、②対人場面での戸惑いや失敗などの心配事、③引きこもりや対人場面の回避、一人で行なう活動の切望を主な側面とする。この3つの側面をすべて示す内気な子もいるが、その一部しか示さない子もいる。引っ込み思案のタイプは子どもにより様々である。内気さについて考える時、身体症状があるか、心配事があるか、回避行動を示すか、あるいはそれらが組み合わされているかを検討するとよい。

引っ込み思案の現れ方
　内気な人を表現する言葉として、以下を耳にするかもしれない。

- 抑制：初対面の人や場への恐怖、臆病、回避、慎重な様子
- 内向：おとなしく、遠慮深い性質で、独りを好む様子

- 私的な場での引っ込み思案：アイコンタクトや会話維持などのソーシャルスキルも身につけているが、自信がない様子
- 公の場での引っ込み思案：ソーシャルスキルが未熟で、対人場面で辛さを味わっている様子
- 自意識過剰：他の人から注目や批判を受けると、戸惑いがある様子
- 社会的引きこもり：同世代の子に比べ、友だちとの関わりを避ける様子

　上記のリストには、引っ込み思案に似た状態が現れていることがわかる。果たしてわが子と合致する様子が見られるか。むろん、どの様子も当てはまらないかもしれない。多くの子どもは多種多様な場面で様々な引っ込み思案の様子を現す。子どもの中には、まずまずのソーシャルスキルを身につけているのに、場面によっては自信なさそうに振る舞ったり、別の場面では友だちに話し掛けたり一緒に遊んだりするのを拒否する子もいる。

引っ込み思案は問題か？

　引っ込み思案それ自体は問題でなく、多くの人はそれが問題と考えていない。一人でいることが自ずと多くなる子や少数の友だちをもつ子もいる。その子が幸せで、親しい友だちがいて、学校でうまくやっており、誕生会などの集まりに出席し、サッカーなどの活動に参加していれば、引っ込み思案は問題とならない。他の人が引っ込み思案に気づかなかったり、受け入れてくれていれば、問題はない。ボーイ（ガール）スカウト活動中に内気な様子を示しても、集団はその子を肯定的に評価しているかもしれない。引っ込み思案は多くの人に見られる自然な性質であり、それがただちに問題とはならない。

　しかし子どもが、自分がしたいことを普通にできないのであれば、引っ込み思案は問題となるかもしれない。極度の引っ込み思案が、本書で問題視する臨床像である（図1.1）。中には、他の人とうまく交流できないから引っ込み思案である人や、一人でいるために引っ込み思案に見える人もいる。ジェイダンのような子は、休み時間は校庭の隅にいて、他の子と関わらないかもしれない。エバンのような子はとても内気なため、周りに誰かいると不安になり、慌てふ

ためくだろう。子どもが、友だちの誕生会を楽しめないのは、気が重く、居心地が悪いからかもしれない。引っ込み思案が、睡眠、食事、遊び、登校などの活動の妨げになれば、問題になるかもしれない。

引っ込み思案は、その子どもに対する周囲の関わり方によっても、問題になるかもしれない。内気な子がからかわれ、虐待を受け、養育放棄され、他の子から疎外されているなら、これは問題である。内気な子が、どんな集団にも、また活動にも参加しようとせず、友だちもできないとしたら、これも問題である。内気な子が学校、教会、他の社会的に重要な場を避け、家族の障害となり、家族に対立をもたらすなら、これも問題である。引っ込み思案が、有資格の精神衛生専門家による処置を要する精神疾患と関連していれば、これも問題である（解説1.1）。

保護者は、内気な子を頑固あるいは不従順であると見なしたり、注目要求をもつと見なすことがある。内気な子の中には頑固で不従順、時には注目を要求する子もいるが、これらの行動は引っ込み思案の原因ではない。内気な子は対人場面で居心地悪く感じており、そのためにぎこちなく、他の人への依頼心を示し、わがままで、メソメソしているように見える。過度に内気な子でも対人場面で自信をつけるにつれて、これらの行動はたいてい改善する。たとえば他の人へ近づくことに自信をつけた子は、気楽に誕生会に行けるようになり、気の重さを感じて保護者を悩ますことも少なくなる。

内気な性質の継続

長期間の引っ込み思案はある種の障害のリスクを間違いなく高めるので、十分に注意する必要がある。内気な子が若者になると、社会恐怖のような不安障害に陥るリスクが高くなる（解説1.1）。内気な子は、同級生と比べて長期間孤立を味わいやすい。子どもの時内気だった人は、大人になってキャリアが安定せず、婚姻関係が不安定になりやすい。特に男性の場合は、過度に内気であると、キャリアを順調に発達させられない傾向を示しやすい。したがって、極度に引っ込み思案な子に対処することは、本書の重要な目標である。

しかし、朗報ももたらされている。子どもは一人ではない。つまり、内気な

> **解説1.1　引っ込み思案に併存する精神衛生問題**
>
> 　過度に内気な子は多くの場合、対人場面での悩みをもっている。しかしこの悩みは、本書で説明される方法を用いて対処できる。ただ過度に内気な子の中には、社会恐怖と場面緘黙という重篤な2つの障害を示す場合がある。この臨床像は、図1.1（対人場面で感じる居心地の悪さの程度）の最も右の列に位置する。
>
> 　社会恐怖は、対人場面で感じる気の重さが激しい場合に生じる社会不安や恐怖である。社会恐怖を示す人は多くの場合、対人場面を避けるか、強い恐怖を感じる対人場面を必死に耐えている。社会恐怖は、内気な人の約18％に見られる。社会恐怖を示す子どもや若者は、登校拒否を示しやすく、対人場面で不安や悲しみを募らせ、ソーシャルスキルが未熟で、友だちもほとんどいない。社会恐怖は、他の人への依存の継続、大学授業の出席不良と対人関係困難、そして抑うつという長期にわたる問題をもたらすかもしれない。社会恐怖を示す子は、有資格の精神衛生専門家の処置を受ける必要がある。
>
> 　場面緘黙は、学校、教会、食堂、公園、店舗などの公の場で、子どもが話さないことを意味する。場面緘黙を示す子は、家の中や一緒にいて安心な人の前では元気よく話す。場面緘黙を示す子どもには会話や言語の障害が見られないのが普通だが、発達の遅れが見られる場合もある。内気さや社会恐怖を示す子の中に、場面緘黙を併せ持つ子もいる。しかし場面緘黙の出現率は、子ども人口の約1％に過ぎない。場面緘黙は、教師の援助を受けながら有資格の精神衛生専門家の処置を受ける必要がある重篤な障害である。場面緘黙を示す子への対応方法は、本書の至る所で述べられており、特に第4章に詳しい。

子は大勢いるし、テイシのように過度に内気な子もいる。過度に内気な子の多くは、対人場面を避けたり、ソーシャルスキルが未熟で改善が必要である。心理学や精神衛生の専門家は、数十年に及ぶ研究により、内気な子がどう感じ、考え、行動するかについてすばらしい知見を蓄積している。

　著者は、内気で社会不安を示す子について徹底的な研究をしている。子どもは顕著な改善を示すので、子どものために働くことは楽しい。極度の引っ込み思案にもうまく対処できるのだ！　著者には、相応の知見の蓄積がある。子どもが自ら不安を和らげ、交友関係を築き、活動に参加し、人前で何かすることを支援してきた。本書には、子どもが自分の殻から抜け出し、対人場面で自信

と居心地の良さを感じるための、明確で、段階的な対処方法が盛りだくさんである。保護者と子どもが力を合わせて引っ込み思案を改善できるのだ！

本書の有効性

次に示す家族にとって、本書は有効である（表1.1）。本書が、保護者に多少なりとも役に立つかどうかを判断できるよう様々な話題を検討する。第1に、子どもが本当に内気ならば、本書は役に立つ！　保護者の中には、わが子が実際は内気でないのに、そう誤解している人がいる。保護者が確信をもてずにいるなら、すでに説明した引っ込み思案の定義とそのタイプを見直すとよい。子どもが内気で、同時にそれが障害になると保護者が感じるならば、本書は有効である。

さらに本書は、子どもがきちんと登校し、登校問題や学校生活への不安を示していなくても活用できる。しかし、子どもがほとんど学校に行けなかった

表1.1　本書の有効性の判断基準

本書が有効な臨床像	本書が有効でない臨床像
・子どもが過度に内気である	・子どもが内気でない
・子どもがきちんと登校している	・子どもが登校拒否をしているか、教室で終日過ごすことはできない
・子どもの行動障害が重篤でない	・子どもに注意欠陥・多動性障害や攻撃性、非行、薬物依存、極度の不安やうつ、双極性障害などがある
・子どもが一部の対人場面を避ける	・子どもがあらゆる対人場面を避け、誰にも話し掛けない
・子どもに発達障害がない	・子どもに発達障害がある
・子どもの引っ込み思案は4歳以降に始まった	・子どもの引っ込み思案は生まれた時からである
・子どもが母国語を理解できる	・子どもが母国語を理解できない
・子どもが学校で脅威に晒されていない	・子どもが学校で脅威に晒されている
・保護者、配偶者、子どもが一致協力して過度の内気に対処しようとする	・保護者、配偶者、子どもが一致協力して過度の内気に対処しようとしない
・保護者、配偶者、子どもが極度の引っ込み思案を克服するために努力を惜しまない	・保護者、配偶者、子どもが極度の引っ込み思案を克服するための努力が不十分である

解説1.2　わが子が登校拒否になったら

　強い社会不安、人前で何かすることへの不安あるいは極度の引っ込み思案を示す子は、登校が難しい場合がある。子どもが欠席がちな場合は、有資格の精神衛生専門家に相談したほうがよい。たまに欠席するくらいであれば、本書や他書で説明する方法が有効かもしれない。登校拒否をする子の保護者のための参考書として、カーニー（Kearney, C.A.）がオックスフォード大学出版から刊行した『子どもの登校支援―登校拒否をする子の保護者の手引き―（*Getting Your Child to Say 'Yes' to School: A Guide for Parents of Youths with School Refusal Behavior*）』という指南書がある。この参考書は、社会不安や人前で何かすることへの不安の原因と、様々な背景をもつ登校拒否について、保護者に登校支援のヒントを与えてくれる。

　子どもには、毎日出席するよう促さなければいけない。それで学校に行けるのであれば、引っ込み思案を理由に休ませてはいけない。仮に活動参加の態度が積極的でなかったとしても、授業にすべて出席し、宿題を済ませて、よい成績を修めることができる。そのうち、子どもと保護者は教師と協力して活動参加するようになり、極度の引っ込み思案に対処し、ソーシャルスキルを上達させ、人前で何かすることを増やすことができる。

　ただし、子どもが登校時に頭痛、腹痛、その他の体調不良を訴えるならば、十分な医学検査を行ない、身体症状の潜在的要因を除去したり、身体症状の処置をしなければいけない。対人場面や人前で何かをする場面のストレスが原因で軽微な身体症状を示す子もいる。けれども、この症状がただちに学校を休んで家にいることを正当化する十分な理由とはならない。嘔吐、高熱、ひどい下痢、出血、シラミ、あるいは疼痛やインフルエンザのような症状がなければ、子どもは学校に行くべきである。子どもが一日中軽微な身体症状を示すようであれば養護教諭に相談することになるが、それでも校内には留まるべきである。

り、学校生活に極度の不安を感じている場合、本書は有効でない（解説1.2）。後者の場合は、有資格の精神衛生専門家を訪ねることが望ましい。

　本書は、子どもと家族に重篤な問題がなく、子どもの引っ込み思案が保護者の主要かつ唯一の関心事である場合に有効である。子どもが内気で、しかも言うことをきかない場合は本書は有効でない。子どもが内気で、注意欠陥・多動性障害や極度の抑うつなどの行動障害を抱えている場合も本書は有効でない。

本当に行動障害がある場合は、有資格の精神衛生専門家を訪ねることが望ましい。

本書は、子どもの引っ込み思案が重篤でなければ役に立つ部分がある。おとなしい子であっても、少しは他の人に話し掛けることができる状態であれば、本書を活用することができる。たいていの場面を避け、誰にも話し掛けないという場合は、本書はあまり役に立たない。同様に過度に内気な子の中に、自閉症、アスペルガー症候群、精神遅滞など発達障害のある子もいる。これらの障害は、社会性、知能、学業、そして言語の発達に遅れを示す（第7章）。これらの障害のある子に、本書は有効ではない。そのような臨床像を示す子には、教育と精神衛生の専門家が開発した包括的行動支援*計画を勧めたい。

本書は4～5歳かそれ以降に内気な様子を示した子には有効である。保護者の中には、ごく稀に生後まもなく極端な引っ込み思案が始まったことを指摘する人もいる。このような極端に早発である場合は障害となるが、幼稚園就園以降、後天的に身に付けた傾向ならさして深刻でない。本書で説明される方法は、引っ込み思案といってもあまり重篤でない臨床像に対して有効である。

本書は、子どもが学校や対人場面で同級生が話すその土地の言葉を理解できれば有効である。中には家で、スペイン語、タガログ語、中国語でしか話し掛けない家族もいる。けれども、子どもは学校で、英語を話す同級生や教職員に囲まれている。言葉の理解が障壁となり、対人場面で孤立したり、自信をなくしたりする子どもがいる。本書は、子どもが英語が理解できず、家でも英語を練習しないならば、有効でない。

本書は、家族仲が良い場合に有効である。親子や夫婦間の口論が絶えない場合、本書は有効ではない。現在も子どもの養育権争いが続いている場合は、本書は有効でない。過度に内気な子を支援するためには、夫婦が互恵関係のもとで共同戦線を張らなければならない。仮に保護者や配偶者が極度の不安、抑う

[訳者註]
*包括的行動支援：障害をもつ人の生活の質の向上をめざして、嫌悪的でない行動支援技術を用いて実行される支援の体系である。本人に対する働き掛けとともに環境に対する働き掛けを行ない、現在の生活環境において、最もよく機能する行動の成立をめざす行動的テクノロジーを指す。

つ、薬物依存、その他の精神障害を抱えている場合は、本書は有効ではない。本当に精神障害がある時は、有資格の精神衛生専門家に相談することが望ましい。

　内気な子が他の人から与えられる脅威に晒されていなければ、本書は有効である。中には、学校で脅威に晒され、対人場面を避けるより仕方のない子がいる。学校での脅威には、同級生や教職員、その他の人からの過度なからかい、なじり、いじめ、言語的・身体的攻撃、脅し、盗み、持ち物へのいたずら、性的あるいはその他の虐待が含まれる。本書は、そのような脅威を避けなければならない子には有効でない（そもそもそのような場に行ってはいけない！）。子どもが、これらの脅威を避けるために学校や対人場面を拒否する必要がある時、本書で説明される方法を試す前にその脅威は取り除かれなければならない。

　保護者や教職員、その他の人は、学校での脅威を取り除くために努力しなければならない。学校でのいじめや脅威を取り除くことと、被害を受けた子の仲間からの孤立を減らすことが急務となるであろう。いじめの事案すべてが報告され、迅速に対処される必要がある。当面子どもは支援者と学校に通うことになり、教職員は脅威の芽を見逃すことなく、その予防に積極的に取り組むことが不可欠である。いじめや脅威が取り除かれた後に、それでも子どもが学校で対人場面を避けようとしている時、本書は有効である。いじめる子が別の学校に転校した後でさえ、学校で対人場面を避け続ける子どももいるからである。

本書の構成

　本章では、引っ込み思案とは何か、この行動傾向に伴って生じる共通性の高い問題は何か、を理解することを目的としている。第2章では、なぜ子どもが内気な様子を示すのか、どのような子と、どううまく関わりを保つことができるかを理解することを目的としている。また第2章には、過度に内気な子が他の人と交流をもち、気の重さを感じなくて済むよう支援することを目的とし、本書で説明される様々な方法の概要が示されている。

　過度に内気な子を支援するための具体的な方法は、第3〜6章で扱う。第3章では、保護者が親として、過度に内気な子を支援する上で、家で毎日できる

ことに焦点を当てている。第4章では、過度に内気な子がどうすれば地域社会や学校など公の場で、人前で何かすることを嫌がらなくなるか、他の人との交流を改善させるためにどのように教職員と連携することができるか、に焦点を当てている。第5章では、過度に内気な子の中でソーシャルスキルの練習が要る子もいる、アイコンタクトや声の大きさなどのソーシャルスキルに焦点を当てる。第6章では、過度に内気な子がどのように、様々な対人場面で不安に対処することができるのかに焦点を当てる。たとえば、筋弛緩を練習することや、心配事を吟味して不安を解消することが挙げられる。第7章では、将来生じる問題を防ぐ方法に焦点を当てる。過度に内気な子が、あまり気の重さを感じずに、継続的に他の人と関わりをもったり、人前で何かすることができるためである。

　著者としては、保護者（と子ども）に本書の全章を読むことを強く勧めたい。過度に内気な子が十分なソーシャルスキルをもっていたとしても、第5章を読んでみてほしい。それぞれの章には、保護者と子どもが毎日活かすことのできる価値ある情報が含まれているからである。

成否の基準

　本書が保護者にとって役に立ったかどうかを、どう判断したらよいか？　過度に内気な子において成功か失敗かがはっきりしない場合もある。それでも、子どもが他の人に話し掛け、集団活動に参加できているかを判断材料にできる。子どもが、場数を踏んでソーシャルスキルを獲得するにつれて、他の人に自己紹介し、授業や協議に出席し、人前で何かを行ない、誕生会などの楽しい活動に長時間参加できるはずである。保護者は、わが子が以前に比べて対人場面を避けることが少なくなり、他の人と行なう活動に報酬や楽しみを見出していることに気づくはずである。

　さらに子どもが、対人場面で気の重さを感じたり、心配事を抱える様子も減るはずである。子どもは、様々な対人場面をうまくやり過ごし、不安に対処することにより自信を得るはずである。他の人に依存することが減り、泣いたり、励ましを求めたり、まとわりついたりすることも少なくなるはずである。

子どもは、対人場面でより現実的に考えるようになり、ヒドイ目に遭うことは滅多に起きないことがわかるであろう。

人格のすべてが変わらなければ成功と言えないわけではない。すでに説明したように、引っ込み思案は比較的安定した性質である。内気あるいは内向的な子どもの多くはその性質が保たれるが、それがたちまち問題へとつながるわけではない。繰り返しになるが、引っ込み思案はそれが直ちに問題とはならないのである。しかし、対人場面を避け、強い不安を示す引っ込み思案は問題である。本書は、過度に内気な子が対人場面でソーシャルスキルを磨き、あまり不安を感じることがなくなり、友だちができ、生き甲斐を感じられるよう支援することを目的にしている。

> **解説1.3　有資格の精神衛生専門家の指導・助言を求めるタイミング**
>
> 　保護者が、表1.1に挙げられた理由から、本書で説明される方法がわが子に有効でないと確信した時、有資格の精神衛生専門家の指導・助言を求めることになる。臨床児童心理士であれば、重篤な行動障害を示す若者に対応するための専門教育訓練を受けている。一方、精神科医ならば、重篤な行動障害に効く薬を処方することができる。日常生活を阻害する重篤な行動障害を示す多くの子について、臨床児童心理士や精神科医の指導・助言を求めることは有効な場合が多い。
>
> 　保護者が、居住する地域の精神衛生専門家の指導・助言を求めることを決心したら、解決しようとする行動障害について誰が精通しているかを紹介してもらう。薬物依存や抑うつに関する専門教育訓練を受けた精神衛生専門家もいれば、教師と緊密に連携し、学習障害、注意欠陥・多動性障害、長期間の登校拒否行動などの問題解決を専門にする精神衛生専門家もいる。地元大学の心理学部に照会することは、保護者が解決しようとする行動障害について誰が精通しているかを知る契機となる。精神衛生専門家の指導・助言を求めようにも、居住する地域の関係で専門家を訪ねることが困難な場合は、地元の心理士会や精神科医師会に連絡を取るとよい。また、子どもの学校に勤務する学校相談員や他領域の専門家の指導・助言が有効な場合もある。ただし、これらの学校相談員や他領域の専門家が、解決しようとする行動障害を専門領域とする心理療法士（臨床児童心理士を含む）と連携していることが前提である。さらに、apa.org、abct.org、psych.orgなど米国内の精神衛生専門家協会のウェブサイトから情報を得ることができる。

本書で説明される方法を試してもうまくいかない場合

　本書で説明される方法を試しても効果がない場合、いくつかの原因が考えられる（第7章を参照）。第1に、保護者が抱える問題を、本書は想定していない。保護者が問題を抱える場合は、別の方法を試したり、本書で説明される方法を徹底する必要がある。本書で説明される方法が、注意欠陥・多動性障害や持続的な登校拒否などの、より手強い問題への対処のために用いる時は有資格の精神衛生専門家の指導のもとで行なわれたほうがよい（解説1.3）。

　第2に、保護者と子どもは、本書で説明される方法を短期間試すだけかもしれない。本書で説明される方法は、ある一定期間、すなわち数週間ないし数ヵ月間、継続的に実行する必要がある。引っ込み思案は比較的安定した性質であり、極度の引っ込み思案を克服するためにはある程度の時間が必要である。保護者も子どもも、本書で説明されるスキルや方法が生涯に渡って実践されなければいけないことを認識する必要がある。

　第3に、関係者全員が同じ視座に立たなければいけない。本書で説明されるスキルや方法は、保護者、配偶者、子ども、そして教師（必要な時）が一致協力して計画に取り組むことでようやく効果を発揮できる。もし、片方の親はわが子が他の人に会うことを勧めているのに、もう片方の親が、誕生会には行かなくともよいと言えば、本書で説明される方法はあまり効果を発揮しない。関係者全員による一貫した努力と実践が、成否の鍵を握っているのである。

教師とのコミュニケーション

　保護者は、本書が自分の役に立ち、今自分が置かれている状況に見合うと感じたら、本書で説明される方法を早速試してみるとよいだろう。その際、保護者が成功を手に入れるために真っ先にしなければいけないことがある。子どもを援助することは、学校相談員、教師、学校心理士、スクールソーシャルワー

［訳者註］
＊スクールソーシャルワーカー：学校場面や教育活動を舞台として、子どもの抱える生活上の困難を取り除くために、環境調整活動などのソーシャルワークを実践する社会福祉専門職。「子どもの最善の利益」を実現するために、子ども、学校、家庭、地域社会に積極的な介入を行う。

ワークシート1.1　連絡先情報

	電話番号	E-mailアドレス
・保護者 ・配偶者 ・子ども（連絡を取れる可能性が高い携帯電話の番号） ・近くに住む近親者や支援に手を貸す人（近所の人） ・学校相談員 ・担任 ・生徒部長 ・学校心理士またはスクールソーシャルワーカー ・養護教諭 ・学校事務室（出席確認事務を担う人）		

カー*、校長あるいは生徒部長などの教職員と話すことと同義である場合が多い。よって、保護者と教師の平素からのコミュニケーションが不可欠なのである。

　できる限り多くの教職員と接触し、情報を手に入れるとよいだろう。ワークシート1.1にならい、保護者、配偶者、子ども、担任教師などの重要な関係者の連絡先を書き出しておく。この情報には、電話番号やE-mailアドレスが含まれているとよい。教師は忙しく、時には電話連絡が難しいからである。この連絡先情報をいつも手元に置いておき、子どもが極度の引っ込み思案のために学校を休みたがる時に活用する。

　さらに、子どもの担任教師や学校相談員との顔を合わせた協議の場を設けたい。すでに保護者とは顔を合わせていると思われるが、本書で説明される方法を試す前にも、もう一度協議の場を設け、保護者の計画していることが教師に伝えられるべきである。過度に内気な子が、あまり不安を感じることなく他の人と交流をもてるよう援助するには、保護者と教師が同じ視座に立たなければならない。まだ協議の場を設けたことがなければ、教師と次のようなことがらについて情報交換をするとよい。

・どんな課外活動に、どのように参加しているか
・学校で示す内気な様子に、どこまで対応してもらえるか。たとえば、対人

場面での不安への対処法やスキルの練習に付き合ってもらえるか
- 学校の食堂で他の子を避けている様子はないか
- からかい、いじめ、学校での脅威がないか
- 授業に出席しない時間や学校を欠席する日数が多くないか
- 同級生や仲間、校内に出入りする大人と話をしている様子があるか
- 作文、人前での音読、体育の授業での着替えや試技、歌うことあるいは音楽の授業で楽器を演奏することなど、どうやり過ごしているか
- 授業、校庭、集団活動中、食堂、廊下、登下校など様々な場で、どんな行動を示しているか
- 本書で説明される方法を、過度に内気な子を支援するために、保護者がどう活用しようと考えているか（本書を通読した上で！）

学級担任、学校相談員、他の教職員と良い関係を築かなければならない。教職員が過度の負担を感じるようであれば、学校では子どもと共同作業のお膳立てをすればよい。内気で、心配事を抱える子は時々見過ごされてしまう。多くの注意が、逸脱的ないし攻撃的な子に払われがちだからである。極度の引っ込み思案は、顕在化した行動障害と同じくらい後々にまで傷を残し、逸脱的である可能性がある。このことを教職員が心に留めておく必要がある。

次章では

保護者がすべての人の連絡先情報を手元に置き、教職員と話を済ませたら、第2章に進むとよい。第2章では、何が引っ込み思案を引き起こし、過度に内気な子がどのように幼児期から青年期にかけて成長していくかを詳しく説明する。さらに、子どもの内気な行動をチェックし、子どもの引っ込み思案な側面をよりよく理解することができるような方法を扱う。また、過度に内気な子が人前で何かしなければいけない状況で、うまくやれるよう支援する方法をより詳細に概説する。

第2章 子どもの社会行動の評価

　ジェシカは7歳の女の子。小学1年生で、学校ではそこそこうまくやっている。けれども、休み時間の遊び相手はごく少数である。休み時間になると、ジェシカは友だちのジェナやジャッキーと教室から連れだって出て行くものの、独りで遊ぶことが多い。また、ジェナやジャッキーが近くにいない時、あるいはジェナやジャッキーが他の子と遊びたがる時、ジェシカはジェナやジャッキー以外の子に話し掛けようとはしない。ジェシカは、引きこもっているように見えることがある。特に給食の時間、ジェシカは黙って給食を食べ、ほとんど他の子と言葉を交わすことがなく、たとえ会話をしたとしても小声になる。

　マッケナは12歳の女の子。小学6年生で、高学年の授業ではグループ学習や他の子の前で発表する機会が多いため、学習場面で少し苦労し始めている。友だちはマッケナに好感を抱いているようだが、彼女らが言うには、マッケナは遊びの誘いを断るようだし、授業中は自らの考えを多くは述べないようである。マッケナは、これまでに学校で2回泣いたことがあり、独りでいることを好んでいる。

　グラントは17歳の高校生。学校で友だちや教師とやりとりをしなければならない時、動揺したり、強い社会不安を経験するようである。多くの対人場面や人前で何かすることを避け、黙り続け、浮かない表情を示す。さらに友だちはおらず、授業にはほとんど参加できていない。教室の後方でうつむき加減に座り、食堂の外で昼食を独りで食べ、授業が終わると、一目散に教室を飛び出し、人目に触れないようにしている。

> 本章で解説すること
> ・子どもが極度の引っ込み思案になる原因とその過程を探ること
> ・子どもの示す極度の引っ込み思案を評価する方法を説明すること
> ・極度の引っ込み思案を克服するために本書で説明される方法の概要を示すこと

　第1章を思い起こしてほしい。引っ込み思案の定義は、他の人がいると体調不良を訴えたり、他の人からの評価に過敏になったり、とても気が重くなる傾向や、対人場面での過度の内気さや一人でいることを好み、他の子と交わらずに活動したがる傾向を示すというものであった。肝心なことは、引っ込み思案それ自体は悪いことではないということだった。内気な子はそれなりにいるはずだが、友だちがおり、学校でそこそこうまくやり過ごし、他の子から好かれ、気の重さを感じるように見えない子も多い。ただ、極度の引っ込み思案は孤独感や学業上の問題、悲しみ、友だちからの疎外感、極度の気の重さに結びつくことがある。本書では先に事例として挙げたジェシカやマッケナ、グラントが示すような極度の引っ込み思案を検討する。

　著者のもとに相談にくる保護者は、たいてい次のような質問をする。「子どもが過度の内気さを示したり、社会不安を示すようになった原因は何か？　私の責任か？　子どもに何か良くないことをしたというのか？」と。引っ込み思案は、実際のところ様々な理由によって生じる性質である。詳細は、追って説明する。もちろんその理由の中には、その子の特質や、保護者や家族とのやりとり、友だちとのやりとりや文化的な要因などが含まれる。極度の引っ込み思案は特定の誰かの責任ではない。ただ、子どもが過度に内気になる様々な理由を調べることは、本書で説明される方法が、なぜこの問題解決する上で有効なのか、そしてどう役立つのかを理解するために重要なことである。

引っ込み思案の原因

　極度の引っ込み思案は多くの異なる要因によってもたらされる。ここでは主

な要因について簡潔に説明する。引っ込み思案は気質、または生得的なパーソナリティ特徴であり、家族に世代間伝達が生じる。したがって、少なくとも遺伝要素が含まれることになる。過度に内気な子の多くには、内気で、おとなしく、また穏やかな話し方をする上品な保護者がいる。ということは、極度の引っ込み思案を示す子に対応することは、保護者がその対応の過程に含まれ、密接に関与することになるということを意味する。

　本節では、極度の引っ込み思案と関係する遺伝的要因以外の重要な要因を簡潔に説明する。これらの中には、子どもに関係する要因、保護者に関係する要因、友だちに関係する要因、文化の要因を含む。そして、著者はこれらの要因が本書で説明される方法とどのように関連するかを説明する。まず手始めに、子どもに関係する要因を説明する。子どもに関係する要因には、行動抑制、心配事、そして学習経験が含まれる。

行動抑制

　極度の引っ込み思案や社会不安を示す子の特徴の１つは、行動抑制である。行動抑制は、見知らぬ人や対人場面に対する恐れ、臆病さ、回避、用心深さのような状態を意味する。これは一部（全体の10〜15％）の子が、新たな場面、友だち、実際のやりとりに出くわした時、心配になることを意味する。行動抑制は、幼児が見知らぬ人に出くわした時に極端に泣いたり、ビクビクしながら行動したり、いつも以上に動き回る様子に典型的に現れる。このような反応は、２歳以下の子ではよく見られる。しかし、３〜５歳までの就学前の子では稀にしか見られない。行動抑制が顕著な子は、慣れていない場面や見知らぬ人に出くわしたときに非常に混乱したり、おびえているように見えるかもしれない。さらに、ほとんど話さず、引きこもり、顔をしかめるかもしれない。行動抑制は、過度に内気な子にしばしば見られる傾向ではあるが、必ずしも全員に見られる特徴ではない。

　極度の引っ込み思案を示したり、社会不安のある子は、他の気質的な特徴を併せ持つかもしれない。極度の引っ込み思案を示す子の中には、頻繁に悲しみ、何かに対して心配そうで、興奮しやすい性質をもつ子もいる。たとえば、

グラントは学校で他の生徒とやりとりが求められそうになると、完全に取り乱していた。極度の引っ込み思案を示す子というのは、自らの生活の重要な要素を制御できないと感じる子もいるのだ。後者のタイプの子は、対人場面や人前で何かする場面を予測不能で制御できないものとみなし、自分の行動は他の人にほとんど影響を及ぼさないと感じているかもしれない。たとえば、マッケナは友だちとの会話を始めようとする試みが他の子から拒否されると思っているかもしれない。さらに、マッケナのような子は、対人場面や人前で何かする場面で、自分の感情を制御することが難しいのかもしれない。グラントのような子は、他の人とやりとりする際、強い怒りや不安、恐れを経験し、そして居心地悪く感じるかもしれない。そのため、彼らは対人場面や人前で何かする場面を避け、これらの強い情動を経験しないで済むようにするのである。

　不安や過度の興奮、強い情動を制御することが難しいために筋緊張、過呼吸、あるいは第1章で説明したような他の不快な身体症状に結びつく。対人場面や人前で何かする場面において適度にリラックスしたり、一息つけるように子どもを助ける方法は、第6章で説明する。気質的な特徴はまた、次の節で説明される心配事とも重なる部分がある。

心配事

　第1章を思い起こしてみよう。極度の引っ込み思案を示す子の中には、要らぬ心配事を抱える子がいる。また、対人場面や人前で何かする場面に対する見通しの持ち方が不正確である。これらの子の多くは、対人場面で恐ろしいことが起こる（特に、戸惑いや羞恥心を感じる）と考えたり、他の人が自分のことを悪く評価すると考えがちである。より年長になったり若者期に差し掛かると、極度の引っ込み思案を示す人は、次のように振る舞うかもしれない。

- 本当の原因は違うのに、起こった出来事は自分の責任であると思い込む
- ひとたび悪いことが起こると、これから起こることがすべて否定的になる予兆だと思い込む
- 出来事は良いか悪いかの二者択一で、中程度という評価はないと思い込む

・他の人との関わりは危険または脅威であると思い込む
・世界は曖昧ではなく、確実な方法で操作されるべきだと思い込む
・自分が常に誰か他の人から排除されたり無視されたりしていると思い込む
・自分が他の人の前だけでなく、臆病、無能、または力不足に見えると思い込む
・賞賛のような肯定的な出来事を経験しても実りのないこと、または些細なこととして退ける
・実際の出来事よりも悪い方向に場面を評価する
・対人場面では肯定的な側面よりも否定的な側面に目が向く
・対人場面について非現実的または根拠に基づかない決定を下す
・根拠がないのに、あざ笑いのような将来の過酷な出来事を予想する
・これまで経験した場面の否定的な側面を思い出し、肯定的な側面は忘れてしまう

　事例として挙げたマッケナは彼女が誰かに話し掛けると、相手は否定的に応答すると信じていた。彼女は、学級の仲間は自分の声を聴いて笑うだろうと思っていた。このような考えは子どもの引っ込み思案を強めてしまう。なぜなら、彼女は滅多に話さなくなり、彼女の考えが実際とは大きく異なるという事実に目を向けられなくなるからである。マッケナは、友だちと言葉を介したやりとりを頻繁に避けていた。したがって、彼女は自分の声に対して友だちが笑うことはないという事実を見ることができない。著者は、マッケナのような子の心配事にうまく対処するための援助技法を第6章で説明する。心配事は時折、否定的な学習経験と相互作用する。これを次節では説明する。

学習経験
　子どもの学習経験は、極度の引っ込み思案に影響する。極度の引っ込み思案を示す子の中にはいじめ、迫害、からかい、あざ笑い、戸惑い、屈辱のような否定的な対人経験を報告する子どもがいる。子どもは学校で暴行を受けたり、人前で何かする場面で嘲笑の的になったり、公の場で侮辱される可能性があ

る。否定的な経験は子どもの引っ込み思案を強めてしまう。もしマッケナが数名の友だちと話し、実際に嘲笑の的になっていたとしたら、この経験は彼女の社会的引きこもりを強化するに違いない。以前は内気でなかった子どもも、その心的外傷（トラウマ）をもたらす社会的な出来事のために、社会的引きこもりになったり、学校に行くことさえ拒否する。極度の引っ込み思案な子の中には、他の人との関わりから引きこもることが強められているため、このような出来事を経験しない。しかしながら、仲間から孤立する子は、いじめの対象となる危険があるか、からかいの的となる危険がある。

保護者に関係する理由

　保護者や家族も、子どもの極度の引っ込み思案に影響を及ぼす。考えられる１つの要因は、内気な子に対人場面および人前で何かする場面からの逃避や回避を許す保護者の態度である。誕生会やサッカーの練習に行くよりも、家にいたがる子どもの要求をのんでしまう保護者の態度は、子どもの回避を強める。別の保護者は、子どもを社会的な活動から遠ざけることによって、他の人との関わりから逃避することを望む子どもを救おうとする。子どもは、早期に「病気」が社会的な責務を回避させてくれることを学習することになる。さらに、一部の保護者は子どもが学校に行ったとき、または他の子と話したときに突然現れる頭痛や腹痛に敏感である。他の保護者たちは、子どもを集まりや課外活動へ参加させようとしない、または他の子と関わることを子どもに制限する。

　保護者は子どもの引っ込み思案を悪化させかねない他のこともしてしまう。保護者の中には、他の人の意見や否定的な評価に過度の敏感さを示し、子どもはそれを察知する。また、保護者の中には、保護者自身が人目を避け、子どもに対人回避のモデルを示していることがある。あるいは子どもを過保護にする。一般的な経験則から、他の人と多く関わる家族には、他の人との関わりを求める子どもがいる傾向がある。たとえ内気な子であっても、多くの社会的な関わりにおいて、そこそこのソーシャルスキルを発達させ、実践することができる。保護者はまた、口論やあざ笑い、子どもの内気さを恥だと断言することによって、子どもの社会的引きこもりに悪影響を与えている。より望ましいア

プローチは、子どもに他の人との関わりを優しく勧めることであり、その詳細は第3章と第4章で説明する。

他の考慮すべき理由

　極度の引っ込み思案や社会回避は他の理由によってももたらされる。たとえば、社会的引きこもりを示す子は、うつ、心的外傷（トラウマ）経験＊、痛みや他の疾患を経験しているかもしれない。それまで社会的引きこもりを示さなかった子が、ある日突然有資格の精神衛生専門家によって社会的引きこもりを指摘されることがある（第1章を参照）。自殺、不適切な養育、薬物乱用のような重篤な問題は、社会的引きこもりの症状として突発的に現れることがある。過度の内気さを示す子の中にはソーシャルスキルが欠如し、効果的に他の人と意志疎通する方法が未熟な事例も散見される。重要なソーシャルスキルには、アイコンタクト、十分な声量、会話の維持などが含まれている。ソーシャルスキルの改善は、第5章の中核的な話題となっている。

　子どものクラスメイトや他の友だちも、極度の引っ込み思案に影響を及ぼす。先に著者は、いじめやからかいについて触れたが、人を無視したり、排除したりする友だちの存在も社会的引きこもりを悪化させる。もちろん、これは悪循環を生みだす。つまり、このような経験をすると内気な子は他の子との関わりを避けるようになる。友だちのほうでもその子が自分たちのことを無視したり、自分たちがその子から拒絶されていると感じる。するとその子は、（他の子からの接近がないために）他の子は自分と遊びたくないのだと思い込む。そして、引きこもりの傾向はますます強められる。その結果、この悪循環は強化されていくというわけである。過度の内気さを示す子の閉ざされた心の殻を打ち破るための援助は、友だちや他の人との対人場面や人前で何かする場面を特別に設定することである。この特別な場面で、やりとりが広範囲にわたって実践される。この実践過程は第3章と第4章で説明される。

［訳者註］
＊**心的外傷（トラウマ）経験**：衝撃的な出来事や不測の事態など外的圧力に見舞われた際、その一時的なショックが深い心の傷を残してしまうメカニズムのことである。精神生活に持続的な影響をもつ心理的衝撃と言い換えることもできる。

文化は、引っ込み思案に影響を及ぼすもう一つの重要な要因である。引っ込み思案は時折、個人主義や自己主張性を強調する西洋社会において問題、または風変わりであると考えられる。これらの文化は、引っ込み思案を否定的な特徴と考えるかもしれない。しかしながら、アジア文化のような他の文化圏では、引っ込み思案や口数の少なさを肯定的な特性（美徳）とみなす。アジア文化において内気な子は、知性に富み、成功的であると見なされることが多い。そして、アジア圏の保護者は社会的に控え目な行動を子どもに求めるのである。子どもの文化的な背景や家族の価値観は、引っ込み思案について考えるとき、十分に考慮する必要がある。

　これまでに説明したように、引っ込み思案は遺伝、子ども、保護者、友だち、そして文化の要因と関係する。しかしながら、過度の内気さを示す子になった理由を知ることは、必ずしも必要ではない。本書の方法は、主要な原因にかかわらず、過度の内気さを示すすべての子に適用できる。著者はまた、保護者が子どもの気質を受け入れることを勧める。内気な子は概して内気なままであり、それで良いのである。目標は、内気な子がお喋り好きになったり、外向的な性格になることではない。しかし、過度に内気な子の中には、悲観的または孤独な生活を過ごす子どもがいる。本書で説明される方法は、過度に内気な子の生き甲斐を高めることを支援しようとするものである。

引っ込み思案は時間経過に沿ってどのように変わるか？

　引っ込み思案は人生の早期に始まり、その後の人生でも継続する安定した特性である。内気な子は、内気な特徴をもった青年、成人になる。繰り返しになるが、単なる引っ込み思案は問題ではなく、著者は子どもの引っ込み思案をゼロにまで減少させることを望まない。しかしながら、引っ込み思案は成長とともに極端になり、あるいは社会不安にまで変化したり、悪化したりする可能性がある。だから、このことには取り組むべきだと考える。この過程を説明するために単純な連鎖を示してみることにしよう（図2.1）。

　何らかの行動抑制のある就学前児を頭に思い浮かべてほしい。その子は不慣れな場面や見知らぬ人に出くわすと狼狽する。その子は、新たな日中活動への

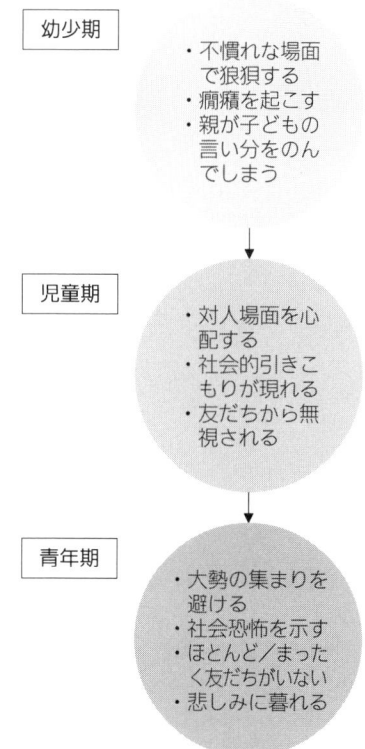

図2.1　極度の引っ込み思案の発達的変遷の例

参加、ベビーシッターとの生活、誕生会への参加のような場面で、落ち着きがなく、親しい人にまとわりつき、依存的になるかもしれない。そして、これらの場面で孤立して、日中活動では一人で遊ぶことを好んだり、その場から離れたり、家に戻るために癇癪を起こしたり、他の人に反抗的に振る舞うかもしれない。この行動は、保護者が帰宅を認めたり、子どもが混乱を来しそうな対人場面に連れていかなかったり、子どもの不適切な行動に（親自身が）不適切に対応すること（たとえば、過保護・過干渉や放任など）によって強められることになる。

　これらの早期の親子のやりとりは、他の人との関わりを遮断し、重要なソーシャルスキルを発達させる機会を奪い、他の人からの評価に慣れる機会を失わ

せることにつながる。その結果、保育園に行かなくなり、友だちとのやりとりを経験できないことが、他の人との適切な関わり方を学ぶ機会、さらには適切な役割行動や攻撃行動について他の人から評価を受ける機会を減少させてしまう。そのようにして子どもは、対人場面でより不安になったり、これらの場面を避けるために不適切な行動を増加させるのかもしれない。

　子どもが小学校に入学する頃になると、他の人との関わり、学業および運動など人前で何かするような場面に数多く出会うことになる。友だちとやりとりをするための多くのスキルをもたない子どもは、これらの場面において引きこもりがちになり、友だちからの無視や拒絶を経験することになる。子どもの社会不安は増し、より頻繁に対人場面を避けるかもしれない。この過程は、学校外での対人場面の頻度が減少した場合、および保護者や教師がこの行動に正しく介入しない場合、または友だちが引っ込み思案な子を嘲笑したり苦しめた場合、さらに悪化する。

　事例として挙げたジェシカとマッケナ、グラントについて再考したい。彼らの場合、他の人との関わりの問題が年齢とともに悪化していることがわかる。幼いジェシカは、限られたごく一部の友だちとだけ遊んでいた。そして、思春期のマッケナは他の人との関わりを避けていた。さらに、青年期のグラントは明らかに他の人を恐れ、友だちは一人もいなかった。ジェシカとマッケナは学校の授業に出席していたが、グラントはいくつかの授業を欠席していた。ジェシカとマッケナは、友だちから好かれているように見えたが、グラントは学校でできるだけ「目立たない」ようにしていた。歳を重ねるにつれ、悲しみは広がっていた。これは、仲間からの孤立によるものと考えられる。

極度の引っ込み思案と言えるかどうかの評価

　著者は本書の至る所で、以下のことについて注意深く評価することを求めている。それは、子どもの引っ込み思案が深刻なものになっているかどうかということである。著者は本節で慎重な評価を行なうための方法を説明する。まず最初に、観察すべきことは何かを理解するために、以下の質問への回答を検討してみてほしい。

第 2 章　子どもの社会行動の評価　33

- 子どもは、たいていの対人場面を避けようとしているか？
- 子どもは、他の人とやりとりしなければいけないと知った時、泣いたり、癇癪(かんしゃく)を起こしたり、他の行動問題を示すか？
- 子どもは、他の人とやりとりするとき、とても心配そう、または悲しげに見えるか？
- 子どもは、他の人、特によく知らない人に対して引きこもったり、縮こまったり、避けたりするか？
- 子どもは、家族やよく知っている人の周りに、常にいたがるか？
- 子どもは、何か運動や学業や音楽などの発表を人前で行なうことが非常に困難か？
- 子どもは、他の人とやりとりする際に、心配事を抱えやすいか？
- 子どもは、周囲に見知らぬ人がいる時、頭痛、腹痛、他の痛み、焦燥感、身震いのような多くの身体症状を示すか？
- 子どもは、自由度の高い会話の持続のように、他の人とやりとりする方法を習得することに問題があるか？
- 子どもには、友だちがほとんどあるいはまったくいないか？
- 子どもは、公の場で話すことを拒否したり、人前で話すことを望まないか？
- 子どもは、対人場面や人前で何かすることへの心配があるため、学校に行くことを拒否したり、特定の授業を欠席することがあるか？
- 子どもの内気な行動は、子どもが行ないたいと望んでいる活動や行なうべき活動の妨げになっているか？

　もしこれらの質問のいくつか、あるいは多くの項目で「はい」となった場合、子どもは極度の引っ込み思案かもしれない。これらの質問に対して、「はい」がごくわずかだったとしても、本書で紹介される方法は役に立つ。たとえば、過度の内気を示す子の中には、体調不良や癇癪(かんしゃく)にまでは至らないが、悲しげに見え、友だちがいてもごく少数という子がいる。また、中には初対面の人と会う時には、強い苦痛を味わうが、顔馴染みの人と関わる時はうまくやれる

子もいる。もし内気な行動が、子どもが望んでいる活動や行なうべき活動（たとえば学校に行く）の妨げになっているとしたら、その行動は問題となる。先に「はい」と答えた質問項目を、定期的な評価過程の一部に組み込んでほしい。このことは次に論じることにする。

　子どもの引っ込み思案を様々な側面から評価することは、いくつかの理由から重要である。以下のような点で有益だというのが、その理由である。

- 子どもが他の人とやりとりしたり、人前で何かするときの子どもの様子に、より注意深くなれる
- 対人場面や人前で何かする場面における子どもの気の重さの程度に、より注意深くなれる
- 1週間単位の子どもの行動変容の程度が理解できる
- 子どもの社会回避の程度が時間経過に伴い改善したかを記録できる
- 子どもが他の人と話すことが難しい理由、人前で何かするのが難しい理由を発見できる
- 本書で説明される方法が実際に効果的に作用しているか、見ることができる
- 子どもの極度の引っ込み思案に関する重要な情報を、教師や学校関係者と共有できる
- 子どもの極度の引っ込み思案が改善した後、再び極度の引っ込み思案が生じるサインに気づくことができる

　毎週評価すべき重要な行動には、次のようなものが含まれる。それは、子どもと他の人とのやりとり、人前での発表、これらの場面における気の重さの程度、社会回避の程度である。評価すべき行動を、以下に詳しく説明する。

他の人とのやりとり

　本書を読んだ後、子どもと他の人とのやりとりが増えることが、重要な目標の1つになるであろう。そのため、子どもがどういう場面で極度の引っ込み思

案を示すのかを把握しておかなければいけない。ワークシート2.1を見てほしい。このワークシートには、子どもが1日の間に出くわす可能性がある対人場面や人前で何かする場面が記されている。これらの場面には、家、学校、または食堂、大型商業施設、食料雑貨店、公園のような地域場面ないし公の場面などが含まれる。これらの場面の中には、子どもが経験しない場面が含まれているかもしれない。その場合は該当しない場面を削除して構わない。子どもに関連のある場面について、列挙された項目を眺め、該当する項目があれば、過度の内気さを示すか否かを問う「はい／いいえ」の欄に「はい」と書き込む。複数の場面で内気さを示すことがあるだろうが、その場合は「はい」という書き込みが複数にわたるだけのことである。

　子どもはここに挙げられていない場面において過度の内気さを示すかもしれない。もしそうであれば、ワークシートの一番下の自由記述欄にその場面を書き加えてほしい。ただ（ワークシートは、日常生活の中で毎日出くわす可能性がある場面について検討するものなので）ハロウィンの行事に参加したがらないなど、子どもが稀にしか出くわさない場面は含めないでほしい。その代わり、少なくとも毎週数回は起こり、子どもを悩ます原因となっている場面を書き足してほしい。ワークシート2.1は、過度の内気さを示す子の多くが問題を示しやすい場面を網羅した。しかし、子どもの中には、より特殊な状況で困難を感じ、それを日々経験しているかもしれない。それがどんな場面であるかを明確にするために記入する。

　著者は、このリストを少なくとも週に1度は見直すことを勧める。子どもの引っ込み思案が毎週少しずつ変化することを見つけられるかもしれないし、これまでに見られなかった場面が子どもに気の重さをもたらすようになったことを発見できるかもしれない。たとえば、子どもの中には求められる活動の種類に応じて、体育の授業で問題を感じる中身が変動するかもしれない。過度の内気さを示す子どもは、フットボールのような団体競技よりも水泳のような個人競技ではさほど困難さを示さないないかもしれない、というようにである。少なくとも週に1度リストを見直すことは、子どもの改善度を評価することを可能とする。さらに、困難な場面の数が時間とともに減少するか把握することを

ワークシート2.1　以下のような場面で、子どもが過度の内気さを示すか

	過度の内気さ を示すか？ はい／いいえ	気の重さ の程度 （0-10）	回避の 程度 （0-10）
家庭場面			
訪問者に応じたり、電話に出る時	_____	_____	_____
両親と話す時	_____	_____	_____
兄弟姉妹と話す時	_____	_____	_____
子どもがよく知っている訪問者と話す時	_____	_____	_____
子どもがよく知らない訪問者と話す時	_____	_____	_____
両親が在宅中に家の中でクラスメイトと話す時	_____	_____	_____
友だちや親しい人と電話で話す時	_____	_____	_____
親しくない人と電話で話す時	_____	_____	_____

	過度の内気さ を示すか？ はい／いいえ	気の重さ の程度 （0-10）	回避の 程度 （0-10）
地域場面／公の場面			
誰かと会う約束をする時	_____	_____	_____
誰かに自己主張する時	_____	_____	_____
見知らぬ人に紹介される時	_____	_____	_____
他の人に意見を述べる時	_____	_____	_____
パーティーや社会的な集まりに行く時	_____	_____	_____
課外活動に出かける時	_____	_____	_____
活動に友だちを誘う時	_____	_____	_____
食べ物を注文する時	_____	_____	_____
食料品店などで両親や兄弟姉妹と話す時	_____	_____	_____
社会的行事や課外活動でクラスメイトと話す時	_____	_____	_____
公の場面で他の大人と話す時	_____	_____	_____
店員やウェイターと話す時	_____	_____	_____

	過度の内気さ を示すか？ はい／いいえ	気の重さ の程度 （0-10）	回避の 程度 （0-10）
学校場面			
学級で質問に答える時	_____	_____	_____
学級で教師に質問をする時	_____	_____	_____
体育の授業に参加する時	_____	_____	_____
給食を食べる時	_____	_____	_____
学校でグループ学習に参加する時	_____	_____	_____
他者の前で楽器を演奏したり歌う時	_____	_____	_____
校庭でクラスメイトと遊ぶ時	_____	_____	_____
クラスメイトの前で教科書を読む時	_____	_____	_____
校庭でクラスメイトと話す時	_____	_____	_____
廊下や関連した場面で同級生と話す時	_____	_____	_____
学級内でクラスメイトと話す時	_____	_____	_____
食堂でクラスメイトと話す時	_____	_____	_____
スクールバスでクラスメイトと話す時	_____	_____	_____
学校で両親と話す時	_____	_____	_____
校庭で教師と話す時	_____	_____	_____
学級内で教師と話す時	_____	_____	_____
学校で他の学校職員と話す時	_____	_____	_____
学習活動の間話す時	_____	_____	_____
学級の友だちの前で話す時	_____	_____	_____
テストを受ける時	_____	_____	_____
学校のトイレを使う時	_____	_____	_____
学校の廊下を歩く時	_____	_____	_____
学級内の黒板に書く時	_____	_____	_____

	過度の内気さ を示すか？ はい／いいえ	気の重さ の程度 （0-10）	回避の 程度 （0-10）
その他の対人場面や人前で話をする場面			
_____	_____	_____	_____
_____	_____	_____	_____
_____	_____	_____	_____
_____	_____	_____	_____

註）気の重さの程度／回避の程度：0＝最低、5＝中程度、10＝最高

も可能にする。

対人場面および人前で発表する場面における気の重さの程度

　評価しておかなければならない他の重要な側面は、子どもが対人場面や人前で発表する場面で感じている気の重さの程度である。気の重さとは、それらの場面で子どもが感じている不安の程度、緊張の程度、混乱の程度、神経質さの程度、悲しみの程度を含むものである。極度の引っ込み思案を示す子は、対人場面や人前で発表する場面において様々な反応を示す。子どもの中には、不安になり、引きこもったり、立ちすくんだり、そして悲観的になったり泣いたりする子もいる。また中には、身震いのような多くの身体症状を伴い、他の人が自分をどのように評価しているかについて多くの心配事を抱える子もいる。子どもは、特に対人場面や人前で発表する場面において、どのようなかたちで気の重さを示すだろうか？　対人場面や人前で発表する場面における子どもの気の重さをより深く理解するために、あらかじめ以下の空欄を埋めてほしい。

気の重さがある時、子どもは以下のように感じ反応する（身体症状）

_____
_____
_____
_____

気の重さがある時、子どもは以下のように考えたり、言ったりする（心配事）

_____
_____
_____
_____

　続いて、ワークシート2.1の真ん中の欄の記入に移る。この欄は0から10までの範囲で気の重さの程度を評定するものである。0（ゼロ）は「まったく気

の重さを感じていない」ことを、5は「中程度の気の重さを感じている」ことを、10は「非常に気が重い」ことを示す。もちろん、0から10の間の他の評定値を記入してもよい。もしこのリストの主要な対人場面や人前で何かする場面に対して「はい」を記入したら、その場面における全体的な気の重さの程度（具体的には、身体症状および心配事）を記入する。著者は、子どもと一緒にこの作業を行なうことを勧める。なぜなら、子どもは時折、特定の場面における気の重さの程度をよく把握しているからである。著者はまた、教師や学校関係者、近親者、きょうだい、友だち、など子どもと日頃やりとりする他の人々と協働して作業を行なうことを勧める。可能なかぎり正確な程度を知るために試す必要がある。

　気の重さの程度を可能であれば毎日、せめて週に一度は見直す必要がある。誰しも評定値が急に増加した項目や最も低い項目を把握したいと望むに違いない。たとえば、子どもの気の重さの程度が学校では高いけれども、家庭や地域場面では低いことを把握できるかもしれない。あるいは、子どもの気の重さの程度が学校で午前の時間帯に高いけれども、午後には低いことを把握できるかもしれない。子どもの気の重さの程度について明確に把握できればできるほど、本書で説明される方法をより効率的に用いることができる。子どもが、主に学校の授業と授業の間で気の重さを感じているのであれば、その授業の間に、本書で説明されている方法を子どもや学校関係者と協働して実践することができる。

対人場面や人前で発表する場面の回避の程度

　子どもの極度の引っ込み思案について把握したい最後の重要な情報は、子どもが対人場面や人前で発表する場面を自ら避ける程度である。ワークシート2.1の最後（一番右側）の欄は、子どもが特定の場面をどれくらい頻繁に避けるかを評価するためのものである。回避の程度は気の重さの程度と同様0から10までの値が入る。つまり、0（ゼロ）は「まったく回避しない様子」を示し、5は「中程度に回避する様子」を示し、10は「確実に回避する様子」を示す。もちろん、0から10までの数値であれば、どの値でも評定値として記

され得る。もし、対人場面や人前で発表する場面に「はい」と記入したら、次にその場面における回避の程度を記すことになる。

　特定の場面における子どもの回避の程度は、同じ場面における子どもの気の重さの程度と同じである必要はない。たとえば、子どもの中には学校で友だちと話すことがとても気が重いという場合があるかもしれないが、この場面を避けているとはかぎらない。別の子は、特定の場面を避けているかもしれないが、その場面で気の重さをそれほど強く感じていないかもしれない。最初の2つの欄（「過度の内気さを示すか？」「気の重さの程度」）と同様に、著者は子どもの回避の程度を少なくとも週に1度は見返すことが必要であると考える。引っ込み思案の場面と気の重さの程度と同様、回避の程度は変動するかもしれない

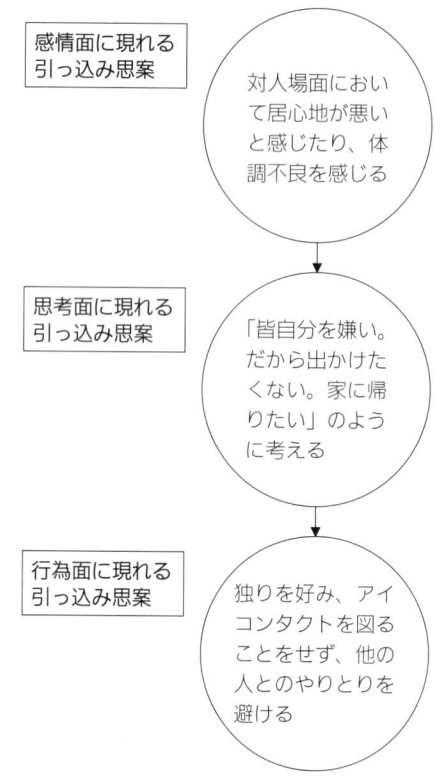

感情面に現れる引っ込み思案	対人場面において居心地が悪いと感じたり、体調不良を感じる
思考面に現れる引っ込み思案	「皆自分を嫌い。だから出かけたくない。家に帰りたい」のように考える
行為面に現れる引っ込み思案	独りを好み、アイコンタクトを図ることをせず、他の人とのやりとりを避ける

図2.2　引っ込み思案な行動の連鎖の模式図

し、評定値の見返しにより、本書で説明する方法が効果的に働いているかどうかを調べることができる。

どのような行動の連鎖により、子どもが対人場面を避けるようになるのか説明しよう。図2.2を見てほしい。ここでは、子どもの不安感情が心配事を導き、最終的に回避に結びついてくる様子を模式的に示した。たとえば、子どもは空手の授業への参加に不安を感じ、母親に友だちの前でキックをしたくないと伝え、家に残ることを求めるかもしれない。内気な子は特定のことがらに心配事を抱えやすく、身体症状を示すようになり、そして回避につながるのかもしれない。過度に内気な自分の子に当てはまるだろうか？

教師からの情報提供

担任教師から、自分の子がどのくらい他の人とやりとりしているか、または友だちの前で話をしているかに関する情報提供を受けることは大変有用である。著者は教師から情報を得るために毎日の連絡カードの形式を用いることを勧める（ワークシート2.2参照）。教師というのは多忙な職業であるので、著者は

ワークシート2.2　毎日の連絡カードの例

日付：

○本日避けていた対人場面や発表場面：

○本日示していた気の重さの程度（0－10の尺度）

```
 X······X······X······X······X······X······X······X······X······X······X
 0     1     2     3     4     5     6     7     8     9    10
最低        低い       やや低い      やや高い       高い          最高
```

○本日学校で生じた行動上の問題：

○他の連絡事項：

この連絡カードをできるだけ簡素な様式として学校から家庭への情報提供が長続きするようにした。ワークシート2.2は、子どもの学校での気の重さを評定するとともに、その日に避けた対人場面や人前で発表する場面に関する情報を教師が素早く書き留めることを可能にする書式例である。このような簡素化により、特別な行動上の問題やその日に起きた緊急の問題を提供することができる。このワークシートを学校での子どもの行動に見合うように、必要に応じて修正してほしい。

極度の引っ込み思案に取り組むための方法

　本書を読み進めていけば、極度の引っ込み思案とそれに関連した問題に取り組むために実践できる様々な方法を見て取れるであろう。これらの方法は、対人場面や人前で発表する場面における子どもの気の重さや回避を取り除き、それらの場面で子どもがもてる力を余すことなく発揮できるようになることを主な目的としている。様々なタイプの極度の引っ込み思案に取り組むために、多彩な方法が必要となる。

　極度の引っ込み思案に取り組む過程で重要なポイントは、子どもが様々な場面において広範な社会行動や発表の仕方を練習できることである。そして練習の際には、ワークシート2.1において「はい」と記入した場面を含むことになる。第3章と第4章では、この練習方法を中心的に扱い、本書の中心的な章となっている。これらの章では、子どもが他の人と効果的に話すことを助けるための具体的な提案を含んでいる。ただ実際のアプローチでは少しずつ段階を踏んで行なう必要がある。だから、著者は子どもに直ちに多くの人々と話すようには求めない。この点も踏まえ、第3章では対人場面で子どもが真の実力を発揮できるよう、毎日繰り返すことができ、しかも家の近くで行なえる方法を説明する。これらの方法の中には、子どもと話す時に、子どもに行動の良し悪しを伝えるというくらい簡単なことも含まれる。内気な子の中には非常に声が小さく、保護者にさえ聞こえづらい声量の子どもがいる。そういう子にもう少しはっきり話すよう勧めることも大切なプログラムである。

　第4章では、子どもが地域や学校場面で独りで練習できる内容を提案する。

対人場面や人前で何かする際にうまく振る舞うための段階的な指導を含んでいる。これらの場面では、保護者と子どもがワークシート2.1で「はい」と記入した場面を練習に取り込むことになる。たとえば、子どもが新入生や転入生に自己紹介しなければいけない場面や黒板に答えを書かなければいけない場面、体育の授業にこれまでよりも積極的に参加しなければいけない場面をうまくやり過ごすために、教師と力を合わせることになる。子どもがこれらの場面で練習を積めば積むほど、子どもは少しずつ今より自分の力を発揮できるようになり、引っ込み思案の程度も軽減されると考えられる。著者は、第4章で場面緘黙のある子に対応する方法も少し詳しく説明する。

先に著者は、極度の引っ込み思案を示す子はたいてい、タイミングのよいアイコンタクト、明瞭で聞き取れる話し声、他の人との会話の持続のようなソーシャルスキルに課題があると説明した。過度の内気さを示す子はたいてい、対人場面を避け、これらのスキルを発達させるための練習を多くは積んでいない。その結果として、彼らは他の人とやりとりする能力に自信がもてず、さらに対人場面を避けるようになるかもしれない。続く第5章では、子どもが重要なソーシャルスキルを上達させ、様々な場面で自信を高める方法に主眼を置いて説明する。

極度の引っ込み思案で、他に考慮すべきことは、周囲に誰かいると、神経質さに伴い生じる身体症状である。これらの身体症状には、筋緊張、身震いや神経質、息切れ、過呼吸、または一般的な痛みを含んでいる（第1章）。第6章では、これらの症状を子ども自身が軽減または管理する方法を説明する。第6章では、子どもが他の人とやりとりするとき、より気楽に感じることができるために、筋弛緩、または腕、胴、足、顔、他の領域の様々な筋肉の緊張と弛緩が説明される。また、第6章は緊張を緩和し、過呼吸を抑制するための呼吸法または規則的な呼吸法の確立についても説明する。筋弛緩や呼吸法は子どもが対人行動を練習するとき（第3章および第4章）にも用いることができる。

さらに第6章では、子どもが他の人と関わる際に抱く心配事にうまく対処するための指針が記されている。最初に述べたように、過度の内気さを示す子の中には、今置かれている場面について現実よりも悪いと信じ、他の人が考えて

いることを否定的なものとして解釈しがちである。もしくは、他の人と話をすると、起こりうる悪い結果について過剰に心配する傾向を示す。第6章では、子ども自身が心配事にうまく対処し、もっと自信をもって対人場面や人前で発表する場面に参加することを助ける方法を説明する。

　子どもの状態が改善の方向に前進し、他の人とうまく話せるようになったら、これらの改善を確実に維持したいと願うに違いない。そこで、第7章では子どもが、対人場面や人前で発表する場面で自分の力を発揮し続けることを支える方法を説明する。第7章ではまた、必要な場合に正式な介入を続けるための指針と、過度に内気な子に時折伴う特定の事態を説明する。これらの特定の事態には、発達障害やコミュニケーション障害、うつ、心的外傷（トラウマ）、過度な内気さを示すきょうだい関係、完璧主義、薬物療法、いじめとからかいを含んでいる。

次章では

　極度の引っ込み思案の様々なタイプについて学んだ今、極度の引っ込み思案に対して働きかけを行なう準備はまさに整ったことになる。著者は、1歩ずつでよいから介入を開始し、子どもが次第に社会的になるよう援助したいという趣旨を述べた。他の人とやりとりすることができるよう子どもの能力と自信を高めるために、保護者と子どもが家の近くで一緒にできる、軽微であるがとても意義のある日々の取り組みから説明を始めることにしよう。その具体的な実践過程は、続く第3章で説明する。

第3章 家庭で行なえる練習

　ハンターは9歳の男の子。小学4年生で、過度の内気さを示す。ハンターは、特定の友だちや教師に対してであれば、必要な話をする。ただその声は聞き取れないほどか細い。ハンターは何でも独りですることを好む。校庭で友だちの前を素通りすることはあっても、自分から遊びに加わることはない。ハンターは家でも口数が少ない。そんなハンターが、最近母親に対して大きな声で話すようになった。ただしその内容は、学校に行かなくてもよいようにしてほしいという懇願である。

> **本章で解説すること**
> ・引っ込み思案を克服するために必要なことがらを子どもが行なった際に、報酬を与えること
> ・他の人と関わり合ったり、人前で何かしたりすることを励ますこと
> ・子どもにどのように話し掛けているか、日頃の言葉掛けを見直すこと
> ・対人行動に報酬がもたらされるよう、学校関係者と協働すること
> ・不適切行動に報酬を与えてしまうような、よくある落とし穴に陥らないようにすること

　著者はこれまで、引っ込み思案とは何か、そして引っ込み思案が子どもの生活史の中でどのように重篤化したり、慢性化したりしていくのかを検討してきた。著者は特に内気な子について説明を行なってきた。内気な子というのは、他の人と関わる時に身体症状を伴い、極度の不安を表明し、ハンターのように学校を含むたいていの対人場面を回避しようとするからである。恐らく保護者

は、引っ込み思案は深刻な問題につながるということを知っているであろう。それゆえ、しっかりと検討しなければならない。以下の数章を割いて、過度に内気な子が今よりも社交的になり、自信をもって他の人と一緒にいられるようになるために考案された方法を検討する。

　本書で説明される方法が、保護者や子どもの担任教師にまだまだできることがあることを教えてくれることに驚くかもしれない。本章では、保護者にできることを中心的に説明している。保護者は、子どもが対人場面や表現場面で練習を積むことができるように努力する必要がある。だから保護者は、子どもが人前で社交的に振る舞えるよう励まし続けなければならない。子どもにとっては、保護者が居心地の良さを提供してくれ、人生の水先案内人であるように映っている。したがって、保護者が先の提案にどれほどの労力を傾けるかということが、子どもがどれほど成功的に振る舞えるようになるかということに直接関連してくる。そして、本章で紹介される方法は一貫して行なわれなければならない。両親が力を合わせて、子ども時代を通じてソーシャルスキルを高めるとともに、対人場面や表現場面で自信をつけさせていくことだ。

　（前章に続いて）本章でも次のことを内容として含んでいる。すなわち、学校関係者が保護者と力を合わせて、子どもが人前で話をしたり、諸活動に意欲的に参加したりするようになるための働き掛けについての説明である。子どもが通う学校の関係者（たとえば、学級担任や特別支援学級担任、進路相談担当者、学校長など）と良好な関係を保てていない場合、直ちに関係を少しずつ改善する努力を始めなければならない。一方、子どもが通う学校の関係者との間にすでに良い関係を樹立しているなら、その関係の維持を確実なものとしていくことが重要だ。それから、子どもと親しい間柄の人との日常会話や子どもの状態の改善度を確認し合うための話し合い、子どもの学校での対人関係や学習状況などに関する学校側からの報告をしっかりと聴くことなどが共同作業には含まれる。

　本章で提案されることがらの多くは、望ましいソーシャルスキルに報酬を与え、適切でない行動には報酬を与えないようにするものである。保護者や担任教師が子どもと効果的に意志疎通を図る方法についても示唆を与える。保護者は子どもにわかりやすい指示を与え、子どもの回避行動や社交的でない振る舞

いに迂闊(うかつ)に報酬を与えないようにしなければならない。子どものソーシャルスキルをより一層高め、極度の引っ込み思案をいくらかでも減じるには、関係者（子ども自身、保護者、担任教師、他の学校関係者）が力を合わせることが必要である。この作業過程を順調に進めるため、時として親類やクラスメイト、友だち、恋人などの助力を求めなければならない場面もある。

　本章ではまた、わが子が示す極度の引っ込み思案を減じるために子どもの発達を促す方法の一部を保護者に提供する。保護者や教師が用いる方略について、本章で著者が検討するものは、第4〜6章でその具体的な例示が行なわれる（手続や資料が提供される）。よって、第4〜6章を見れば、逆に本章（第3章）の内容がよみがえり、わが子が立派に社会自立を遂げられるようにするための援助技法を目にすることができる。実際、第4〜6章では、対人場面や表現場面で、独りで練習することができる方法が説明される。その際、むろんこれらの社会的な場面で不安を取り除く方法を関係者が学びながら進める必要がある。また、第4〜6章ではソーシャルスキルを伸長させ、社会的な場面で子どもに自信をつける方法も説明される。次節では、極度の引っ込み思案を克服しようとする子どもの取り組みをいかに補強できるかを検討する。

極度の引っ込み思案を克服しようとする子どもに報酬を与えること

　本書で説明される方法の多くは、子どもの役割について多大な努力を求めるものとなっている。その方法の中には、様々な場面で子どもをリラックスさせる方略や心配事をもっと現実的な考え方に変える方略、重要なソーシャルスキルを練習する方略などが含まれる。しかし、（それらの方法の中でも）子どもが受け入れなければならない過酷な課題は、子どもが苦手にしている対人場面での振る舞いや表現を独りで練習するということである。その練習の中には、人で溢(あふ)れかえった教室に入ること、人前で話をすること、見ず知らずの人との会話を弾ませること、電話で用件を伝えることが含まれる。たとえば、ハンターのような子であれば、友だちと仲良くなるために、人前で話をすることが求められ、もっと積極的に課外活動に参加することが求められる。

　上記の課題について子どもが練習を重ねていく際、保護者や学校関係者の応

答がとても重要になる。子どもが苦手としている課題を遂行することに対して、報酬が伴うようにしなければならないのである。むろん、適用する課題は子どもにとってこれならやれそうだと思えて、自分なりに取り組めば、進歩を実感できる中身でなければいけない。次の例を参照されたい。

> ブランドンは15歳。高校1年生で、人前で話すことに困難さを抱えている。ブランドンはうまく行動しているし、学校で問題を起こしてもいない。しかし、友だちが一人もおらず、人前ではか細い声でしか話さない。保護者や姉が不満に思っていることは、家族がブランドンに対して、はっきりモノを言うようにと何度も言い聞かせたり、ブランドンの発言内容をいちいち言い直さなければいけない点である。というのは、ブランドンの言うことがよく理解できないからである。ブランドンの担任教師も、家族と同様の問題を指摘しており、ブランドンが人前で話をすることに自信がないのではないかと考えている。ブランドンにもうまく話ができる場面がある。それは、特に両親に対してである。両親がある特定の言い方でブランドンに問い掛けてくれる分には、ブランドンはそこそこうまく話ができるのである。

ブランドンは人前で話をすることに苦手意識をもっていて、うまく話せなくなってしまう傾向がある。それでも、ブランドンなりにうまくやれているのは、ブランドンの両親が彼のモノの言い方がどうであったを分かりやすく知らせ、ブランドンの行動を改善しようという家族の助けがあってこそである。そして、これは著者らにとってとてもよい出発点になる。これを出発点として、著者らは、長い時間をかけてブランドンが練習しなければならない課題の一覧を発展させてみた。一覧表に示した課題は、難度の低いものから難度の高いものへ下から順に配列される。課題一覧は、以下のようになっている。

①学校の集団場面で、他の人にきちんと話す（最も難度が高い）
②親類などブランドンがよく知っている人の前で話す
③学校の一対一の場面で、友だちや大人に話す
④百貨店で、店員さんに話す
⑤電話で友だちと話す

⑥家の玄関先で、初対面の来客に応対する
⑦よく知っている家族の一員にはっきり話す（最も難度が低い）

　著者らは、練習をする場合は上記①〜⑦の一番下に位置する最も難度の低い課題から始めて、徐々にその難度を上げていくことを提案する。ブランドンが最初に求められることは、誰にでもよいから、家の中ではっきり、聞き取れる声で話す練習をすることである。この段階で求められることの中には、もっと大きな声を出すこと、耳を傾けてくれている人の目を見ること、正確に話す（単語の発音を明瞭にする）こと、少し微笑むことなどが含まれる。むろん、人前で話すときには、他にもっとたくさんの練習すべきことがある。その一つひとつについては第4〜6章で説明する。

　ブランドンにとって助けとなる第一歩は、両親や姉と会話をする練習を毎日行なうよう勧めることであろう。その手の練習であれば、ブランドンが誰かに手を貸してほしい時や何か頼み事がある時、質問に答える時、夕食時に今日学校であったことについて話す時など、多くの機会が考えられる。ブランドンが口を開いたらその話し方がどうだったかを両親や姉は伝えてあげるようにし、うまく話せていたところを賞賛するのである。ブランドンが一言で済むような問い掛けではなく、詳しい説明を示すことができるように意図したモノの言い方を心掛けることが重要である。夕食時の食卓を囲む家族団らんの場面を想定して、次のやりとりを検討してみるとよい。

母親　　　：ねえ、ブランドン。今日学校であったことを教えて。
ブランドン：（小声、うつむき加減で）うん、楽しかったよ。
父親　　　：それは良かったね、ブランドン。話すときはもう少し顔を上げないか。
ブランドン：（顔を上げて）楽しかったよ。（父親はブランドンに微笑みかける）
姉　　　　：ねえ、ブランドン。今日の避難訓練はどうだった？　私は戸惑ったわ。誰もどうしたらよいか分からなかったもの。
ブランドン：（姉を見ながら）うん。ちょっと面白かったね。皆バラバラに

　　　　　　　　　なったね。僕も少し気が重かったけれど、最後はどこに行け
　　　　　　　　　ばよいかが分かったよ。
　　母親　　　：それは散々だったのね。
　　ブランドン：（顔を上げて、小声ながら）うん。それからしばらくして、僕た
　　　　　　　　　ちは算数の教室に向かったんだよ。少し時間があったんだ。
　　母親　　　：もう少しだけ大きな声で話してくれる？　ええ、それでいい
　　　　　　　　　わ。
　　ブランドン：分かった（少し声が大きくなる）。少し時間があったから、宿題
　　　　　　　　　を終わらせちゃったんだ。（皆は席に着いて、面白いことを言い合
　　　　　　　　　っていた。そして、話の端々に、最近ブランドンのおしゃべりが上手
　　　　　　　　　になったという言葉が飛び交っていた）

　この会話シーンで、話をしている誰もがブランドンの発話がうまくなるよう促して、それでいてブランドンが困惑せずに済むようにしていることが分かるであろう。両親は10歳代の子をいら立たせるような質問責めに遭わせることのないように留意していた。ブランドンの両親と姉は、その代わりに上手にあしらい、はっきり話すよう優しく促す。そして、ブランドンが今よりいくらかでもハッキリ話せるよう笑顔やユーモアにより報酬を与えている。もちろん、わが子の話を面白がって聴いたり、もっとハッキリ・しっかり話せるようになることを頼もしく感じていることを伝えて、直接報酬を与えることもできる。保護者は毎度毎度いちいちハッキリ話すよう言う必要はないが、わが子の意欲が喚起されないということのないよう絶えず笑顔と肯定的コメントが必要になる。

　銘記しておかなければならないことは、子どもの進歩はゆっくりだということだ。わが子が挑戦していることは新たなスキルの学習であり、本人にとって実行が難しいことだということを思い起こしてみるべきだ。そして気長に待つことだ。わが子が初めて複雑なピアノの曲を弾く、スケートボードに乗って歩道を滑る時のことを思い浮かべたり、自転車に乗り始めた頃のことを考えてみるとよい。誰でも、最初はうまくいかないものだ。たくさんの練習を重ね、一

緒に付き合って、困難を味わった末に上達するものだ。過度に内気な子が相手に向かってはっきりモノが言えるようになる際、それは新たなスキルの学習にあたり、たくさんの練習を要する。練習の過程でいら立ちが生じたり、そうなりそうな場合は、練習していく中でイライラはつきもので、努力を続ける姿を親として頼もしく思っていることをわが子に教えるべきである。「継続は力なり」ということを分からせる必要がある。

　ブランドンが簡単な課題を達成したら、もっと難しい課題を求めていくことになる。前述のリストに従い、ブランドンは「⑥家の玄関先で、初対面の来客に応対する」あるいは「⑤電話で友だちと話す」という比較的下層の課題を求められる。これらの6つ目（⑥）や5つ目（⑤）の課題は、少し離れたところから親が見守りつつ進められる。そうすることで、ブランドンは気詰まりな感じを体験せずに済む。そして、これらの課題（6つ目と5つ目）も日常生活場面で練習する対象となる。土曜の午後、ベルが鳴れば玄関口に出て、応対することになる。そうするうち、他者とのアイコンタクトを図ることができ、はっきり話すことができ、質問に応答し、情報を入手することが可能となる。子どもは、曖昧でハッキリしない状況（これまで練習を重ねたこととは違う状況）でも、同じようにうまくやり過ごすことが求められる。玄関先に応対に出てみると訪問販売だったということがあるかもしれない。そういう場合、ブランドンには訪ねて来た人の名前と連絡先を控えておくことが求められ、さもなければ両親に頼んでうまく対処してもらうことが求められる。

　ブランドンが6つ目や5つ目の課題にうまく対処したら、ブランドンの努力を両親は賞賛してやるべきである。ブランドンが戸惑っているようであれば、どんな方法でやり過ごせるのか教えてやるべきである。ここでブランドンがすべきことは大きな声で応対することと、訪問販売員に主張的にこちらの言い分を通すことである。保護者はこのような一連の状況を近くで見守り、何が起こっているかそっと小声で伝えて、そのまま静観し、もちろん危険に見舞われることがない範囲で励ましを与える必要がある。

　より一層複雑な対人場面や人前で何かしなければならない状況での練習に進んだら、その練習の過程に他者を捲き込んでいくことになる。ブランドンの課

題一覧を見れば、ブランドンがついには、地域や学校場面において、人と話すことが求められることが分かる。わが子がソーシャルスキルの練習を始めたら、できるだけその場で（即時に）わが子が賞賛されるように取り計らうことが望ましい。過度に内気な子が課題一覧にあるような7つ（①～⑦）の練習をうまく辿っていくためにも、学校関係者との良好な関係を発展させる必要がある。

中でも特に重要な関係者は、担任教師、進路相談担当、校務分掌上の主任、校長、学校心理士、スクールソーシャルワーカー、司書教諭や理科担当教諭のような専科担当教師ということになる。これらの関係者は、わが子が人前で何かするという行為を静かに見守り、必要に応じて今起こっていることを教えてくれ、励ましてくれる。ただし、支援がうまくいくためには、これらの関係者は皆同じ考え方に立っている必要がある。わが子が対人関係でうまくやれるようになる計画を発展させる際は、その計画について学校関係者とよく相談する必要がある。それというのも学校関係者は、わが子について何が必要で、どうそれに取り掛かることができるかを知っているからである。詳しくは、本章の後節および第4章で説明される。

他の人と関わったり、人前で何かするよう励ますこと

日々の中で、過度に内気な子にしてやれることは、自分のほうから積極的に他の人と関わったり、人前で何かするよう励ますことである。このことは、過度に内気な子にとって（日常生活場面にはつきものの）予期せぬ出来事をうまく利用しながら、極度の引っ込み思案を克服する助けとなる。この方略は、特に年齢が低くて、よく行なわれる質問にうまく答えられない、またはなかなか社会的に振る舞えない子どもに有効である。子どもたちの中には、より一層自発性が求められる事例もある。その場合は、日常生活場面での予期せぬ出来事を利用して、適切な対人行動と自己表現を教え、子どもの内気さがより抑えられている状態に対して、報酬を与えるとよい（解説3.1参照）。

事例を挙げて検討することにしよう。学校までわが子を送り届ける際に、信号待ちをしている場面を思い浮かべてほしい。交差点の所で、互いに話をして

> **解説3.1　どんな報酬を用いるべきか？**
>
> 　本章では、子どもの対人行動と自己表現（人前での所作）に与える曖昧な（変動性が高い）報酬に着目してきた。曖昧な報酬とは、言語賞賛・微笑・冗談・ほめ言葉などがそれに当たる。これらの報酬は日常的に用いられ、子どもの対人行動や自己表現を活性化するために適用されるべきものである。もちろん状況が変われば別の報酬が検討されるかもしれない。内気な子に与えられる課題は、その子にとってとても困難なものを含む。例を挙げれば、見知らぬ人に自分から話し掛けること、学校で仲間と話すこと、公衆の面前で談話すること、体育の授業に出席することなどである。
>
> 　困難な課題の場合は、言語賞賛のような曖昧な報酬が、強力で具体性の高い報酬とともに導入される必要がある。たとえば、夜更かしの許可、珍しいデザート、家族との特別の時間、あるいは映画鑑賞券、さらには何か金銭的価値のあるものなどである。もっとも、明確な報酬とは対人行動をサポートするようなものでなければならず、孤立や回避を強めないようなものである。わが子に友だちと一緒に特別な時を過ごせるようにすることは、良い考えである。けれども、ビデオゲームを買ってやったり、一人でコンピュータに従事できる時間を与えるのはよくない。子どもが受け取る報酬と対人行動に対する期待とを関連づけるのがよい。たとえば、友だちを誘った際に映画の鑑賞券を与えるという具合である。このように対人行動をいつも練習できるようにする。
>
> 　練習を重ね、わが子の対人行動が改善し、人前で何かすることが平気になれば、次の段階では自分で自分に報酬を与える練習に進みたい。たとえば、友だちを映画に誘うという場面であれば、また一緒に映画を観に行くことを楽しみにして、黄昏時(たそがれどき)が待ち遠しいという気持ちになるように仕向ける。これと同じような方法で、週末の計画について電話や学校で直接の誘い掛けができるようになればなるほど（日常的に報酬が付与される確率が高まるがゆえに）これらの行動は益々生起しやすくなる。むろん、そのような場面に接したならば、親として言語賞賛を与え、抱きしめるなどしてわが子の達成を讃(たた)えてやるほうがよい。

いる2人を見かける。その様子を見て交わしたのが、次の会話である。
　　親：交差点にいる人を見てごらん。何を話しているのだろうね。片方の人
　　　　は、笑っているね。もう片方の人が何か面白いことを言っているのか
　　　　な。

子：分からないけれど、男の人が女の人に冗談を言っているのかな。
親：そうだろうね。きっと何かあったんだろうね。話している最中、お互いのことをどんなふうに見ているかを観察してみようか。
子：どういうこと。
親：2人は話すとき、お互いのことを見ているよね。分かるかな。
子：うん。分かるよ。
親：あれは、良いアイコンタクトだよ。

上の例のような信号待ちの場面で、ごくありふれた生活の様子を目の当たりにすることができ、それをわが子の学習経験に組み込むことができる。仮にわが子が反応しなかったとしても、子どもはきっと親が投げ掛けたことについて何か考えている。わが子と車に乗っていると、実に多くの機会と遭遇する。だから、ラジオやＣＤ、ＤＶＤのスイッチを切って、わが子と話せる最適の素材を見つけるようにするのである。中には、見かけた人が何を考えているか推理しあうゲームのようにする人もいる。このゲームは子どもが考えを巡らせることを助け、他の人がいかに関わり合っているかを示すのに役に立つ。わが子と一緒に取り組んでみるのもお勧めである。次は公園での１コマである。

親：向こうのほうを見てごらん。2人の幼子を連れた女の人が見えるね。それから走り回っている双子を連れた女の人も見えるでしょう。
子：うん。
親：何をしているのだろうね。2人の女の人は誰だろう。
子：分からないけど、なんだか疲れているみたい。身なりはきちんとしているけれど。
親：どうしたんだろうね。
子：1日中働いていて、その後子どもたちを公園に連れてきたんだよ。
親：うん。そうかもしれないね。2人は知り合いかな。
子：うん。そうみたい。子どもたちは、話をしながら滑り台を滑ろうとしている。あの子たちのお母さんは、それを見て笑いながら話をしている。

親：あれはお母さんではなく、学校の先生じゃないかな。なぜそう思うか分かる？
子：うーん。えーっと。服の袖にチョークが付いていたり、耳に鉛筆を挟んでいるからかな。
親：よく気づいたね。（2人で笑う）

　この例と似たような日常生活で出くわす機会が多い場面が、（過度に内気な子に）学習機会を提供することになる。人前で楽器を演奏する様子を見たり、2人が互いに意見を述べ合っている様子を目にしたり、人でごった返しているレストランで食事をとっている様子を観察することができる。これらの場面で、それぞれの行為者が行なっている行動、それからありふれたソーシャルスキルについての考えを尋ねることができる。もしも子どもが事実と異なることを述べたら、より現実的な報告へと修正を行なう。以下の例で見てみたい。

子：あのウェイトレス、皿を落とした。困っているよ。
親：うん。少し困っているみたいだけれど、そんなに慌てている様子はないね。どうしてだろうね。
子：分からないなぁ。
親：確かに困っているけれど、その前の様子は見ていないよね。彼女は淡々と対処しているし、助けも求めていないでしょう。
子：自分はあんなふうにできないなぁ。すっかり戸惑ってしまうと思う。
親：戸惑う前にできそうなことがあるね。
子：うん、分かる。
親：いつまでも果てしなく戸惑い続けたことがあったかな。
子：ないよ。
親：そう。ということは、あなただってあのウェイトレスと同じようにうまくやれるということね。もうウェイトレスは笑顔を取り戻して接客に戻っている。もう誰も皿のことなんて気にしていない。（皆が談笑するのを見渡しながら。）

これらの例のように学習機会が訪れるのをただ待つのではなく、自らその機会を見出すこともできる。わが子と買い物に出かけた際、保護者として子どもに手を貸すように求めることができる。外出時には、対人行動をとる機会が多くなる。店員に商品の値段を尋ねたり、店内で見知らぬ人に時間を尋ねたり、食事を注文したり、店内を歩きながら親に聞こえるくらいの声で話したり。わが子が限界に達するほどの負荷を掛けないまでも、日常的にそれくらいの要請は与えられるものである。親の要請にうまく応えたときはいつでも、確実に賞賛を行なう。日常生活の中でわが子が人と話したり、人前で何かしたりすることを助ける方法として、他にどんなことがあるだろう。今後いつでも活用できるように書き付けておくとよい。

_____
_____
_____
_____

対人行動に報酬を与える学校関係者との協働

　これまで記してきたように、学校関係者との協働は内気なわが子を支援する主要な役割を演じる。学校に関係する対人場面や表現場面が、内気な子にとって問題を生じやすい状況だということが研究から分かっている。口頭発表、板書の視写、校内での仲間や大人との対話、体育の授業への出席、大きな食堂での食事、満員の教室への入室、公衆トイレの使用などが、問題を生じやすい場面の例である。（第2章のワークシート2.1の例示を参照）わが子がもっと厄介な問題に対処可能だと感じられれば、学校関係者と相談して、その厄介な問題に手を加え、わが子が助言を得る様子を注意深く見つめる必要がある。学校関係者は折に触れて、子どもがどれほど大変な思いをしているかを保護者に伝えることができ、人と話したり人前で何かすることを避けたかどうかを告げられる。（第2章のワークシート2.2を参照）

　学校関係者と相談すべきもう一つの重要事項は、わが子に参加資格のある課外活動の種類と数に関することである。そのような集団で活発に振る舞えるよ

うになれば、肝心なところで人と話したり人前で何かすることができ、友だちを沢山作って、信頼を得て、内気だとは見なされなくなる。まずは生活指導担当者と面談し、わが子が参加資格を有する課外活動のリストを手に入れるとよい。その活動は他児を含み、大人の助言と誘導が期待できるものであれば、学業でも、対人交流でも、音楽でも、戸外で行なわれる体育の授業でも構わない。

　課外活動のリストを持ち帰ったら、夕刻にそのリストをわが子と眺め、してみたいと思う2～3種類の活動にあたりをつける。何種類選んだかはあまり気にしなくてよい。わが子の集団参加意欲が高ければ、子どもは活動選択をしようとするだろう。ただし、わが子が集団活動を一切選ばないときは気に留めておくべきだ。リストを見渡して、1つくらい集団活動に参加するよう励ましてもよい。各集団活動の利点やわが子が耳目をそばだてるような側面に目を向ける。この取り組みの目標は2～3種類の活動に、今後数週間以上にわたってわが子が継続的に参加するというところに置かれる。複数の活動を経験してみて、最終的に1つの活動にのみ継続参加することになったとしても、それはそれでよい。重要な点はわが子が同世代の友だちとの関係を築き、人と話したり、人前で何かすることが平気になり、友だちができて学校へ行くこともさして負担ではなくなるようになることである。

　安定して学校の自分が本来所属すべき集団に仲間入りできるようになったら、生活指導担当者やその集団の取りまとめ役と相談して、できるだけ頻回に、わが子がどんなふうに活動しているかを評価するようにしたい。特にしっかり確認しておきたいことは、わが子が見かけ上参加しているように振る舞っているだけでないかどうかということである。子どもの中には、積極的に参加していなかったり、自分なりに活動せず群読をしているときに声を出さず読んでいるふりをするようなこともある。一方、これらの集団活動に期待どおりの参加度を示したら、十分にそのことも認めつつ、集団の取りまとめ役とより一層の活動参加を導く方法について話し合うようにする（解説3.2を参照）。

　もちろん、学校関連活動はわが子の様子をつぶさに見つめるべき唯一のものではない。地域活動や教会活動（日曜学校）などを共に行なう集団も重要な選

解説3.2　内気な子を転学・進学予定の学校に適応させるためにできること

　新たな出来事に適応することは、誰にとっても困難さを伴う。特に内気な子にとっては、なおのことである。内気な子は、新しい校舎に慣れたり、登校初日が問題となることがある。転学・進学のような移行に際して、親として内気なわが子をどう助けることができるか。たとえば、以下のようなことが考えられる。これから解説することは、わが子がすでに登校に問題を抱えている場合にも、学期の開始にあたり心配がある場合にも役に立つ。

・新学期が始まる前に、学校で催される説明会にはもれなく出席する。わが子も、伴って出かけたい。
・新学期が始まる1週間前までには、必要な学用品を購入・入手する。
・わが子を伴って、学校周辺を歩いておく。そうすることで、親としてもわが子のほうでも、学校の景観に慣れることができる。食堂・体育館・図書室・図工室や音楽室・校庭・その他の特別教室とともに、日頃使う教室を見せておく。教室間の移動について、わが子が気にしていることがないか尋ね、一緒に探索してみる。
・親子で進路相談担当や教師と面談できるよう調整する。わが子には、よく利用する場所と進路相談担当の事務室を見せておく。そうすれば、わが子は疑問や心配事をため込まないで済む。
・わが子にスクールバスについて教える。一緒に乗り合わせる友だち、停留所、乗車時刻、万が一乗り遅れたらどうすればよいかを伝えておく。朝、自宅近くの停留所から、そして放課後学校の停留所からバスに乗り込む練習をする。
・新学期が始まる2週間前までに、（平日のみ）登校への備えとして、わが子が朝行なう一連の流れを練習する。わが子は、朝早く目覚め、顔を洗い、朝食を済ませ、着替え、歯を磨き、朝にしなければいけないことをすべて完了させる。このようにしておけば、朝の行動の流れは不慣れなものでなくなり、登校初日にも、困難なものとはならない。
・新学期が始まる前日の夜は、明日学校に登校することについて気になることなどを、時間をかけてのんびり話す。
・登校初日は、わが子が過敏になったり、校舎に入るのを躊躇することを見越して、余裕のあるスケジュールを立てる。普段と変わらなくとも、親としていつも通りに支援的に振る舞い、わが子に登校するように言う。

択となる。たとえば、空手やサッカーチーム（あるいは他のスポーツ少年団）、教会の児童グループなどが考えられる。著者らが最近重視しているのは、健康的で、地域に根ざしていて、協働的で、安価な活動である。すでに記したとおり、わが子が少なくとも2〜3種類の地域・教会活動に参加し、向こう数週間にわたって1つ以上の活動に継続参加することが重要である。最初はわが子に付き添って、全体的にどのように事が運んでいるかを見てみるとよい。しかし、ある程度時間が経ったら、子どもが自力で活動グループに参加できるように仕向けていくことが大切である。

よくある落とし穴の回避

　レジーは9歳の男の子である。屋外で家族以外と話すことは滅多にない。レジーは低学年での進級には問題がなかったものの、学校関係者はこのことを心配していた。つまり、レジーがうまく話せなかったり、話すことを拒否していることが、級友の前で音読するような発展課題*に影響を及ぼし始めている。さらに、レジーは彼の学力を測るために学校で行なわれる試験を受けることができていない。公共の場だと、レジーは両親に対しても小声でささやくことしかできない。彼は電話に出て話すことも拒否し、自分がよく知らないことについて家族と話すことさえ躊躇している。

　親として、内気なわが子のソーシャルスキルや人前で表現する行動を改善するために、「当たり前のことがなぜできないのか」と捉える考え方を捨てるべきである。たとえば、レジーが対人場面で話すことを避けていた時、両親や教師は彼の行動を擁護し、彼の言いたいことを言語化し、彼が書いたり身体を動かしさえすれば、及第点を与えるという措置を行なった。本節で著者は、親が内気なわが子の対人および表現技能を促進する際、よくある落とし穴に陥らないようにすることを検討する。

――――――――――――
[訳者註]
＊発展課題：アメリカ合衆国では、小学校低学年の言語活動は、口頭表現に特化されている場合が多い。そのため、教科書を読むことや正確に転記することなどは高学年の課題となる。よって、「級友の前で音読する」ことは「発展課題」に該当する。

わが子を「救出」しない

　両親が犯しやすい過ちは、過度に内気なわが子を、苦悩を感じる場面から「救出」することである。誰しもわが子が戸惑う様子を目の当たりにしたくない。それに、状況さえ許せばいつでも助けたいと思うのはごく自然なことである。しかし、この「助けること」が自力で何とかしたり、自分のソーシャルスキルを磨く機会を奪う場合がある。この落とし穴に陥らないようにしなければならない。

　過度に内気なわが子が、友だちの誕生会に誘われた場面を想像してほしい。この子は、誕生会に行かなくて済むように、両親に何とかしてほしいと頼むかもしれない。この子は泣いたり、両親に自分になりかわって事情を説明してほしいと懇願したり、さもなければ頑として動かないかもしれない。多くの親、特に過度に内気な子をもつ親は、その日は家に居ることを了解してしまう。親には、そのように対応するいくつかの理由がある。たとえば、苦悩しているわが子を救出したかったとか、何もしてやれない自分に罪悪感を感じるとか、強い抵抗を示すわが子に根負けした、などの理由である。また、誕生会に一緒に来てほしいと言うわが子に、黙って付き従う親もいるだろう。あるいは、誕生会の間中、親の側にピタッとくっついていたり、もうやめにして早く家に帰ろうと繰り返し告げるわが子に辛抱強く付き合う親もいるだろう。多くの親は、これらの要求にも屈してしまう。

　子どもの回避要求を了解したり、ストレス場面から離れるのを許容することは、短期間はうまくいくので、始めのうちは最良の選択であるように思える。すなわち、子どものストレスと反抗行動は取り除かれ、親子だけの穏やかな時間が保障される。しかしながら、回避を認め続けることが、後々高い代償を払うことにつながる。子どもはソーシャルスキルを磨く機会を奪われ、対人場面や人前で発表する場面で感じる不安を自己調節する力が身につかず、友だちを作ることができなくなり、別のパーティーや人の集まりに誘われることも減ってしまう。このような時間経過の中で、子どものソーシャルスキルの欠如や不安調整の失敗が、より一層引っ込み思案傾向を強めることになり、他者からの孤立、乏しい交友関係を引き起こす。

よって、内気な子が引っ込み思案な様子を示す時の最も良い対応は、わが子が人の集まりに参加できるよう、首尾一貫した主張を行なうことである。最初のうち、内気な子は、どんな集まりでも十分な参加というわけにはいかないだろう。しかし、しばらく経つうち、少しずつ十分な参加が可能になっていく。できるだけ長い時間、望むらくはその会が終了するまで、わが子がパーティーや人の集まりに参加できるよう励ます。もしも可能であれば、そしてわが子を脅かす場面でなければ、親から離れて、一人でこれらの集まりに参加するように勧めてみる。わが子が苦悩を感じるからといって、安易に、対人場面からわが子を救出するようなことは厳に慎まなければらない。極度の引っ込み思案を克服するために、これらの対人場面をうまく扱う練習を積み重ねるように仕向ける必要がある。

　同様にして、様々な場面で、わが子に無用の「手出し」をすべきでない。家族が、内気な子どもの引っ込み思案な行動に対して、いつも決まった方法で埋め合わせをすることを学んでしまうからである。親たちの中には、わが子がよい歳になっていて、自分で言えるにもかかわらず、レストランやアイスクリーム屋で、食事やデザートの注文を代行してしまう人がいる。もし彼女がうまく注文できない場合は、彼女ができるように励まさなければならない。もし彼女が注文しようとしない場合は、食事を始める準備を調えることで注文を促す必要がある。日々の生活の中で、親として内気なわが子に「手出し」をしてしまいやすい場面を検討してほしい。その上で、彼女に自分でするよう伝える練習を始めてみるべきである（解説3.3を参照）。

不適切な行動に報酬を与えない

　保護者は、時として、わが子に過剰援助したり、関わりを持ち過ぎたりするという罠に陥ることがある。このように誤った行動を行なうときはいつも、より望ましい行動に報酬を与えることを忘れてしまう。わが子が穏やかに、かつおとなしく遊んでいると、たいていの親は子どもをそのまま好きにさせておくものである。けれども、このような場面はまさにわが子に報酬を与える好機である。わが子が穏やかに遊べていることを褒め、その活動を遮らない取り組み

> **解説3.3　安全策とその場しのぎの対処**
>
> 　多くの内気な子は、対人場面や人前で表現する場面で隅のほうに居るという利口な対処をする。ある子どもは、食堂の出口付近の角の席に座る。そうすれば、強い不安を感じた時に、すぐにその場を立ち去ることができる。ある男の子は、体育の授業中にウロウロ歩き、積極的に参加しないようにしている。別の子は、合唱の時「歌って」いるように口を動かしてやり過ごしている。幼い子には、不安を感じる場面で手近にモノがあることが必要かもしれない。水筒や携帯電話［両親連絡用］、よく知っている人などである。また、別の子には、体育館のロッカールームの代わりに、進路指導担当者用の事務室で着替えを許可するという配慮が必要かもしれない。
>
> 　ただし、安全策には注意が要る。安全策は、子どもが特定の場面で完全参加をしなくても済む「免除」行動である。安全策は、子どもが不安を最小化する「杖」となる。ただそれは、子どもが単に不安を先延ばしにするだけで、不安の緩和に必要なスキルを学んだり、練習したりするものではない。ある子どもは、いとこが一緒に乗り込まないと、バスに乗車できないかもしれない。これは短期的には良い対処の方法に思えるが、そのいとこが病気にかかったり、翌年度に乗車するスクールバスの時刻表が変わったら問題が再燃することになる。また、本来であれば隣り合わせた友だちと語り合うはずが、その子は隣席のいとこと話をすることになる。安全策に頼りすぎることなく、できるだけ一人でやり過ごせるように励ます必要がある。
>
> 　対人場面や人前で何かしなければならない時、時間割を変えたり、学校行事の一部を改変したり、他の子どもからの無理難題に"助け船"を出したりする「その場しのぎ」の対処を避けなければならない。これらの"手心を加える"対応は、長い目で見たときに、決して改善をもたらすことはない。たとえば、学校で友だちを作ることに苦労している子どもは、別の学校に転校しても、同じ問題を引きずりやすい。本書で検討するソーシャルスキルを磨くための課題とともに、わが子の様子にも目を向ける必要がある。

が大切になる。同様にして、わが子が何らかの理由で怒り出している時に、わが子に言い聞かせるのを切り上げるという対応にも問題がある。同じことが極度の引っ込み思案を示す子にも当てはまる。

　多くの内気な子は、いつも保護者をいろいろなことで悩ませている。特に友

だちの家や学校のような安全に思える場所でさえも避ける、というのは保護者の悩みの種である。率直に言って、自力でやり過ごせそうな場所まで避けようとするわが子の試みを受け入れることは親にとっては耐えがたい。けれども、連日繰り返されるわが子の懇願に根負けして次第に子どもの不適切な要求をのむという結果に陥ってしまうかもしれない。けれども、このような場面で親がどのような態度でわが子に臨むかということは重要である。というのも、わが子は次のように質問したり、繰り返し主張するかもしれないからである。

・本当にサッカーの練習に行かなければいけない？
・このまま家に居たらいけない？
・行きたくない！
・一緒に来てくれない？
・つまらないから、行かない！

　わが子が相変わらず同じ質問をし、その繰り返しの主張で態度を硬化させるとき、保護者は苦しめられるが、一度はそれに応答しても、それ以降は一定期間反応しないようにする。わが子が日曜日の午後、15回にもわたって「本当に明日、学校に行かなければいけないの」と尋ねてきたら、「もちろん」と、ひと言告げればよい。親として、淡々とした声の調子で、できるかぎり手短かに答えるべきである。わが子が同じ質問を繰り返し、同じ言い分を続けたら、少なくとも1時間は完全にそれらの行動を無視（計画的無視）する必要がある。この無視を決め込む時間中、わが子の前向きな発言や回避以外の検討結果を示した場合には、自由に応答してよい。この時間の終盤、もう一度だけ手短かに回答を繰り返す。著者としては、「あなたは、明日学校に行きます。これで話はおしまい」と、きっぱり伝えることを勧告したい。こうして、わが子は交渉の余地がないことを認識するようになる。

　時間をかけて、答えを告げるまでの時間を、90分、120分、150分と延長していく。このことは、同じ質問を繰り返したり、同じ主張を繰り返すことを減少させるのに役立つ。それは、子どもが自分自身の行動により、報酬を得るこ

とができないからである。この過程は、「選択的な沈黙」と気長に構えることを保護者に求めることになるが、わが子のためを思えばやってのけることができるはずである。その日に限ってわが子から執拗に質問が繰り返され、手を焼くようであれば、必要に応じてきょうだいや年長者の手助けを借りてもよい。

簡潔な指示と応答

　内気な子の親が陥りやすいもう一つの落とし穴は、色々なことにつけてくどくどと説明や交渉をすることである。子どもが何事にも後ろ向きな様子を示し、家に居たがるために両親は悩み、このような事態が生じる。しかし場合によると、両親は何事にも煮え切らない態度を示すわが子の様子にイライラするかもしれない。たとえば、外泊をする、子どもを連れてバーゲンに行く、説教をする、無理強いして活動参加させる場面などである。親の中には、指示どおりに行動しない子どもについ皮肉を言ったり、非難したり、叱責したりして、わが子の行動を阻害してしまうかもしれない。しかしながら、これらのやり方はまったくうまくいかない。

　内気なわが子と関わる際の基本的事項を押さえておくべきである。

- わが子に、してほしいことをきちんと伝える
- 手短かで、直接的な指示を出す
- 必ず目を見て、わが子に語りかけたり、指示を出したりする
- わが子に、頼んだことを（返事だけでなく）きちんと実行させる
- わが子と一緒に取り組む
- 傾聴の態度には報酬を与え、上の空で話を聴いている際は態度を改めさせる

　わが子に、してほしいことをきちんと伝える　たとえば、「部屋をきれいにしなさい」と言う代わりに「寝室で脱いだままになっている洋服を、洗濯カゴに入れなさい」と言うべきである。わが子が内気な行動を示す点を指摘する際には、特に限定的な言い方をしなければいけない。具体的には、「多くの友だ

ちと話をしなさい」と言う代わりに「今日は、2人の友だちと話をしてほしいと思っている」と言うべきである。さらに、わが子の消極的な行動を減らす代わりに、望ましい行動を捉え、それに焦点化するよう努めるべきである。たとえば、「ボーッとしていないで」と言う代わりに「ウェイトレスに聞こえる声で話そう」と言うべきである。

　手短かで、直接的な指示を出す　わが子に何かしてもらいたいと思う時は、手短かな指示を出すに限る。幾重にもわたる指示を出す代わりに、「テレビを消しなさい」のような1回に1つのことを行なう指示を出すべきである。ガミガミ言わずに、1回に1つのことを行なう指示を重ねていくことのほうが、とても憶えきれない量の洗濯物のリストを1回に示すよりもずっと良いのである。これと同じことが、内気な行動をあげつらう場面にも当てはまる。わが子には、その日の鍵となる課題を1つだけ求めるべきである。たとえば、2人の友だちと話す、友だちに電話を掛けて宿題の範囲を確認する、見慣れない友だちに微笑み掛けたり、アイコンタクトをはかったりするなどである。わが子が多くの課題をこなすことに負担を感じないようにし、わが子が圧倒されたり、落ち込んだりすることがないようにする。

　必ず目を見て、わが子に語りかけたり、指示を出したりする　このような対応は、結果としてわが子の指示遵守を良好なものにしてくれる。それは、テレビやコンピュータ画面との競合を避けることができるからである。また、アイコンタクトの実践は、わが子に重要なソーシャルスキルを促進するための良い方法である。子どもはアイコンタクトが他者の注意を惹く上で良い方法であることを知り、より高度なソーシャルスキルを身につける契機になると期待できるのである。

　わが子に、頼んだことを（返事だけでなく）きちんと実行させる　保護者は時折、わが子が理解できなかったり、遂行したがらないことを頼むことがある。人と何かしたり人前で表現したりすることを学んだり、交友関係を深めるには時間と辛抱が必要である。内気なわが子が、2週間かそこらで友人関係を深めたり、1ヵ月も経たないうちに流暢に他者と話すことを期待してはいけない。子どもが瞬く間に変わることはないのである。緩やかに始め、できることをし

っかりと見届けていくのである。もちろん、わが子が少しずつでも社交的になれるように、保護者は少しずつ挑戦させていく必要がある。経過を見て押したり、引いたりの加減をすることが大切なのである。

　わが子と一緒に取り組む　社交的になる、あるいは内気でなくなるということは、内気なわが子が家族と行動を共にしなくなる、ということを意味しない。集まりがある時に家族とともに過ごすことは、過度に内気な子にとっては重要な出発点となる。家族が一堂に会すること、礼拝に出かけること、町内会や親睦会に顔を出すこと、スポーツ大会に参加することは、子どもたちにとって、家族に加え地域の人たちと関わることができる最適な方法となる。もちろん、わが子が最終的には自分自身の力でそれらを行なうことが目標であるが、わが子と（家族が）社会的な接点を持ちつつこれらの取り組みを進めることが重要である。

　最後に、傾聴の態度には報酬を与え、上の空で話を聴いている際は態度を改めさせる　わが子に何か頼みごとをした際、その聴き方がよければ、それを認めるべきである。この種の行動は賞賛されなければならない。これとは反対に、上の空で話を聞く態度はさせるべきではない。よい聴き方を発展させることは、鍵となるソーシャルスキルを育て、指示遵守を促進し、家族内の葛藤の除去に有効である。そして、わが子が自分から語りかけてきた際は、一生懸命聴いて、適切に応答しなければならない。

ルーティーン（いつも通りの手順）

　過度に内気な子の多くは、不安がる傾向をもっていて、そのためにいつも通りの手順を好む傾向にある。「ルーティーン」が意味しているのは、日常生活の見通しが立ち、安心して臨めるもので、悪いことが起こるわけではない、ということである。子どもが、いつもの時間までに学校の支度をしなければならないようになっていれば、いつもの時間までに通学路にたどり着けるようにし、いつもの時間まではベッドに居て、その時間になったら起き上がるというようになる。これは悪いことではない。わが子が学校でも自力でやっていけるようにルーティーンを発展させるべきである。宿題を仕上げ、家事分担を済ま

せ、十分な睡眠をとるという具合にである。

　しかしながら、良くないルーティーンというものがある。特に過度に内気な子にとって良くないのは、柔軟性がないルーティーンである。過度に内気で不安がる子どもたちの中には、例外なく放課後いつもの時間になったら迎えに来てほしいと保護者に望むケースがある。著者のクリニックに来所するある子どもは、毎日15時22分に母親に迎えに来てもらうと言っていた。この少女は母親が少しでも遅れると良くないことが起こると極端に不安がり、母親はいつも15時22分きっかりに迎えに行けるように午後の予定を特別に繰り合わせるという状況になっていた。この事態は、母親に大きなストレスを与えるが、そもそもスケジュールに柔軟性をもたせることができなかったことが原因となっている。

　この事態を前にして著者は、母親に、15時15分～15時30分の間に学校に到着できるようにすることを提案した。合間の時間を使って、私はこの母親の娘と不安をコントロールする援助を行ない、彼女が適切に待っている間は（あえて）他者と話をすることにした。母親は、15時15分にやって来たり、15時30分になったり、15時25分になったり、15時22分ということもあった。母親の到着が15時30分を過ぎることがあっても、携帯電話で連絡を入れ、学校の事務室でおとなしく待っていた。最初のうち彼女は不安がっていたが、何も恐ろしいことは起こらないという現実に触れ、時間が経つにつれ不安は取り除かれていった。見通しが立たずに待っていなければならない時間は、他者と言葉を交わして、リラクセーションやソーシャルスキル（第5章、第6章で説明）など対処するスキルを磨く上で有効だった。ここで用いた、いつも通りの手順は、強い困惑を引き起こさない程度の幅のある柔軟なものであった。

　他のルーティーンにも、いくらかの自由度を持ち込むべきである。学校に行く準備を調える朝のルーティーンにも大きな遅刻を引き起こさない程度の、余裕あるスケジュールを持ち込むべきである。夕食や就寝の準備も、融通の利かないものにすべきではない。銘記すべきことは、過度に内気な子にいつも通りの手順を強要しないようにすることである。多くの場合、極度に内気な子に融通の利かないいつも通りの手順が与えられ、それにより不安を低減するという

ことが行なわれている。ところが日常生活で出くわすスケジュールはそれほどまでにいつも決まり切った手順で行なわれるわけではない。わが子が変動したスケジュールも受け入れることができ、すべてが自分の思い通りにコントロールできるわけではないことを受容することが重要である。

すべきことと、すべきでないこと

　本章では、多くの情報が与えられた。ここでは保護者であるあなたの役割として、すべきことと、してはならないことについて、若干の注意喚起を行なう。

すべきこと

- 対人場面や表現場面でわが子がうまくやれるように、父親と力を合わせること
- 過度の引っ込み思案を克服したり、対人場面や表現場面でわが子がうまくやれたら、惜しみなく褒めること
- 内気なわが子が新たなスキルを学ぶ必要があることと、それを身につけるには辛抱強さが必要であることを認識すること
- わが子を励まして、日常生活場面で、他者と関わったり、人前で何かしたりできるようにすること
- 日常生活場面を使って、他者との関わりを学ばせるようにすること
- 学校関係者と緊密な連携を図って、わが子のソーシャルスキルを伸ばすこと
- キーパーソンとなる教職員の連絡先リストを作成すること
- わが子が参加できる放課後活動や地域活動を探すこと
- わが子に手短かな指示を与え、分かりやすく説明すること。また、語り掛けるときはアイコンタクトを図るようにすること
- 対人場面や表現場面では、手本となる役割行動を示すこと

すべきでないこと

- 誰かと話したり、人前で何かすることを執拗に求め過ぎること
- 準備ができていないのに、わが子を他者と関わる場に押し出すこと
- ストレスを被る場から、わが子を救い出してしまうこと
- わが子がちょっとした困惑を示したくらいで、早々に関わりの場を離れるのを認めること
- レストランで注文を代行するなど、わが子の引っ込み思案を補ってしまうこと
- 「○○しなくていい」というように逃れることを前提とした質問を受け入れること
- わが子に、冗長な指示を与えたり、実行できない指示を与えること
- 一連の複数にわたる指示を与えること
- わが子と家族が共に過ごす重要な時間を作ることを心がけ損なうこと
- 柔軟性のないルーティーンに執着し、これらのルーティーンによりわが子の行動を縛ること
- わが子が引っ込み思案を理由に学校を欠席するのを認めること
- 容易に安全策を与え、その場しのぎの対応をすること

> **次章では**
>
> 　過度に内気な子は、自分が内気さを感じずに済むような家族の支援に過度に依存する。本章では、読者が家族にできる様々な支援の方法を提示した。本章で示した様々な方法は、繰り返し、日常生活の中で取り組むべきであることを銘記すべきである。内気な子は、持続的にその内気な行動を変化させるよう取り組まなければならず、そうすることで他者からの回避と引きこもりを改善できる。さらに、内気な行動の改善には、長い時間を必要とする。それは、児童期と青年期を通じて取り組まなければならないほどである。次章から続く数章で、著者は、内気な子がもっと独力で取り組み、内気さを少しずつ克服して、他者と関わったり、表現場面でも、もっと積極的かつ有能に振る舞えるにはどうしたらよいか、ということに着目してみる。特に第4章では、地域や学校場面で特定の状況をうまく調えることにより、子どもの社会的な関わりを促進することについて検討することにする。

第4章 地域社会や学校で自分でできる練習

　ケルシーは12歳の少女である。中学1年生に在籍しているが、最近学校へ行けなくなってしまった。というのも、彼女が学校で孤立しており、疎外されていると感じるようになったためである。誰かが近づいてきたり、話し掛けてきたりすると、彼女は身を縮め、中学校で出会う新しい友だちや先生の存在、少しこみ入った指示に圧倒されているように見えた。ケルシーはいつもどこか恥ずかしがっているように見えたが、新学期当初は進級のストレスが彼女を少し引っ込み思案にさせただけであった。ところが最近になって、彼女は家に居たがるようになり、そのため、この3週間に数日欠席した。

　ハープリートは7歳の女の子である。小学2年生に在籍し、家の外では決して口をきくことがない。家で親やきょうだいには問題なく話すのに、公園やショッピングモール、レストラン、スーパーマーケットなど家の外では話そうとしない。彼女は学校では誰とも話すことがない。先生にも、学校関係者にも、クラスメイトや友だちとさえも話さない。彼女は独りで居ることを好む。彼女は声を発することはないものの、時々友だちと遊んではいる。彼女は学校では話したがらない。そのために学業適応上の問題が生じてしまう。それは彼女が人前で音読したり、班員と言葉を交わさなければならないような、授業中の班活動に加わることを拒否するからである。

> 本章で解説すること
> ・あなたの子が練習しなければならない対人場面あるいは評価場面の階層を定めること
> ・あなたの子が自分一人の力で他の人と関わり、人前で何か表現することを期待すること

- 公の場で相手に聞こえる声で話せるよう共同作業すること
- 本章で述べられた課題について学校関係者と共同作業すること
- 公の場であなたの子がより多く話せるように働きかける際のよくある落とし穴を避けること

　第3章を思い起こしてほしい。子どもが内気さを克服し、他の人と関わり合えるように保護者は多くのことができるのである。これらできることの多くは、形式ばっていない、あるいは日常的な活動を含んでいる。夕飯の食卓で話すことを促したり、必要とされる呼び鈴への応答や電話口に出たり、思っていることやしていることについて他の人と意見を交換するなどである。けれども、これらの行為の多くは、家の中や大人が子どもの近くに寄り添って指図できるような「守られた」環境で行なわれるものである。本章ではケルシーのような子どもが地域社会や学校場面で他の人と自力でやりとりができるにはどうしたらよいかを検討する。過度に内気な子は様々な対人場面あるいは評価場面を経験しなければならない。その際、自分で不安感に対処しながら、交友関係やソーシャルスキルを発達させるように、そして信頼感とこれらの場面に対する快適さを確保することに留意しつつ支援を進めなければならない。
　著者は、ハープリートのような場面緘黙の特徴ないし家の外ではあまり話したがらない子どもを手助けすることについても検討する。第1章を思い起こしてほしい。場面緘黙は、ある場合には引っ込み思案や社会不安の顕著な形として現れる。この場面緘黙は、学業不振、交友関係の乏しさ、そして孤立などに結びつくことがある。学校や公の場で話そうとしない子どもの原因探索は困難ではあるが、不可能ではない。著者は、自ら進んで誰かに話そうとしない多くの子どもに携わり、緘黙の克服に向けた手助けに成功してきた。過度に内気な子どものための援助方法を場面緘黙のある子どもの援助にも応用することが可能である。
　本章は自分でできる練習をいくつかの段階に分けて説明している。自分でできる練習の第1段階は、対人場面あるいは評価場面の階層を定めることであ

る。そして、どの階層につまずきを抱えているのかを検討する。このようにして定めた階層のリストはあなたとあなたの子が着目すべき場面と練習を行なうためのふさわしい場面を理解する上で役に立つ。自分でできる練習の第2段階は、検討された場面であなたの子が特定の課題を達成できるようにすることを含んでいる。これらの課題に含まれるのは、自己紹介、会話の開始と維持、相手に聞こえる声で話す、アイコンタクトやマナー、適切な情動表現のような望ましいソーシャルスキルを用いることである。自分でできる練習の第3段階は、学校関係者との協力関係を築くことである。あなたの子が練習しているこれらの行為を授業や校庭、その他学校の生活場面で実際に使えるようにすることである。学校の生活場面というのは、過度に内気な子どもや場面緘黙の見られる子どもにとってより困難度が高く、それだけ学校関係者との緊密な協議がしばしば必要になるのである。さあ、第1段階から定められた階層を順に辿ることにしよう。

階層を定める──第1段階

　ここでいう階層とは、あなたの子が経験する困難さを低いほうから高いほうへ順に並べた対人場面あるいは評価場面のリストのことである。ここに示される場面は、学校の生活場面や地域社会も含まれる。事実、著者たちは各々の場に関して2つの階層を必要とした。なぜなら、過度に内気な子どもは、学校の生活場面よりも地域社会のほうがより容易に話をしたり、他の人と関わる傾向が見られるからである。これは場面緘黙のある子どもにおいても当てはまる事実である。あなたの子の場合にも、まずは地域社会で練習を開始し、同じ練習内容をずいぶん後になってから学校の生活場面で取り組めるように練習に誘うことが重要である。

　階層はたいてい場所と特定の場面を含んでいる。それだけでなく、話のレベルも含んでいる。口をパクパク動かす、かすかな声でささやく、小さな声で話す、ごく当たり前の声で話す。口をパクパク動かすというのは、口はことばをつぶやくように動くのに、声が出ていない状態を指す。次の段階は微かな声でささやく、または聞き取れるかどうかという小さな声で語るというものであ

る。微かな声は後に小さな声で語るに移行し、それから周囲の人にもごく当たり前の声で聞き取れるような声で語るものにつながる。過度に内気な子どもは、より困難な課題へと移行する前に様々なレベルのお喋りを練習する必要がある。たとえばケルシーは、皆の前で聞き取れるように語る前に、先生に聞き取れる声の大きさで語る練習をしなければいけないかもしれない。このような取り組みは、ケルシーが最終的には皆に聞き取れる程の声で先生や仲間の前ではっきりと語らなければいけないということを知らせる上で大切なことであるかもしれない。

　さあ、あなたの子について階層を描いてみよう。著者は過度に内気な子について詳細な検討をしてみることを勧告する。その詳細の内容とは地域社会や学校場面で社会的に振る舞うことが難しい場面を見極めるということである。あなたは第2章で検討したような方法を検討する必要がある。すなわち、場面を見極めると、ワークシート2.1のようなリストが描かれる。5～15ほどの場面を挙げてみることが望ましい。そして、できる限りそれを特定化する。たとえば、「学校で人と話すことに困難を抱える」というのではなく、もっと狭義に特定化して「食堂で昼食をとる時誰かに話をすることができない」という形で書き付ける。あなたがあなたの子ができることについて絞り込めば絞り込むほど、あなたの設定した階層はより具体的なものとなり、本書で説明する方法がますます効果的なものとなる。実際に特定化してみると5よりも少ない、あるいは15よりも多いということがあるかもしれないが、対処が可能な内容は20以下であることを心得ておく。

　著者は地域社会や学校で適用する階層の例を表4.1および表4.2に概略として示した。これらの表中には、第2章で検討したものを含んでいる。これらは完璧なリストでないが、主要な項目に対応している。すなわち、過度に内気な、あるいは場面緘黙を伴う子どもについて検討する際に着目すべき主要な項目である。著者が認識しているのは、あなたの子にとって意味のある他の場面があるのではないかということである。その場合はこれらの項目をあなたの定める階層に加えればよい。

　リストの項目に対して、あなたの子について得た情報をもとに一つひとつを

第 4 章　地域社会や学校で自分でできる練習　75

表4.1　地域社会で用いる階層の例

［地域社会で］
・日曜学校で、質問に答える
・見知らぬ人に時刻や方角を尋ねる
・誰かに日付を尋ねる
・誰かにきちんと物が言える
・初対面の人に自己紹介をする
・誰かに自分の意見を言う
・パーティーや集まりに出かける
・課外活動に出かける
・教会で、知り合いでない人にも挨拶する
・課外活動に友だちを誘う
・サッカーの練習や誕生会、集まりで、知り合いでない人に話し掛ける
・サッカーの練習や誕生会、集まりで、友だちになれそうな人に話し掛ける
・公園で、知り合いでない人に話し掛ける
・サッカーの練習や誕生会、集まりで、友だちに話し掛ける
・公の場で、大人に話し掛ける
・ショッピングモールで、親やきょうだいに話し掛ける
・教会で、親やきょうだいに話し掛ける
・公園で、近所の友だちに話し掛ける
・外出先で、近所の友だちに話し掛ける
・小売店で、親に話し掛ける
・店員に一言でアイスクリームを注文する
・ウェイターや店員に数語で食べ物を注文する

埋めていき、それらの順位を定める。あなたの子について 0 〜10の10段階の尺度で、子どもが気の重さを感じる度合いを評定する。評定は、その場面をどの程度避けたいと感じるか、その感じる程度を評定値で示す。第 2 章を思い起こしておいてほしい。評定値について、0 はまったく（避けたいと）感じない、5 は中程度に（避けたいと）感じる、10は絶対に（避けたいと）感じる、という内容である。そして、評定値は 0 〜10のどの値を与えてもよい（3点や8点としてもよい）。気の重さを感じたり、避けたい程度が 0 である項目がまったくない場合は階層のどこかに位置づけられる。もしあなたの子がどの場面でも気の重さを感じず、どの場面も避けたいと感じないならば、それらの場面をそれ以上検討する必要はない。われわれはあなたの子が少なくとも何らかの気の重さを感

表4.2　学校生活場面で用いる階層の例

[学校生活の場面で]
・授業で、質問に答える
・授業で、教師の質問に答える
・体育の授業に出席する
・学校の食堂で、食事をとる
・学校で、班活動や特別活動に参加する
・人前で、楽器を演奏したり歌を唄う
・校庭で、友だちと遊ぶ
・授業で、大きな声で読みを行なったり、友だちや教師の前で発表する
・授業中に、友だちに話し掛ける
・学校で、教職員に話し掛ける
・学校で、親に話し掛ける
・教室で、教師に話し掛ける（援助を求めたり、質問に答えたりする）
・班活動や自由時間中に、友だちに話し掛ける
・廊下などで、友だちに話し掛ける
・教室で、友だちに話し掛ける
・学校の食堂で、友だちに話し掛ける
・校庭で、友だちに話し掛ける
・スクールバスの車内で、友だちに話し掛ける
・職員室で、事務員に話し掛ける
・友だちや先生と一緒に誰かに話し掛ける
・10人の友だちや先生と一緒に誰かに話し掛ける
・5人の友だちや先生と一緒に誰かに話し掛ける
・席に着いて、2人の友だちや先生と一緒に誰かに話し掛ける
・席に着いて、隣席の2人の友だちと一緒に誰かに話し掛ける
・他に誰もいない教室で、誰かに話し掛ける
・他にも人がいる食堂で、誰かに話しかける
・他に誰もいない食堂で、誰かに話し掛ける
・他に誰もいない図書館で、誰かに話し掛ける
・他に誰もいない学校の図書室で、誰かに話し掛ける
・教室で、教師に話し掛ける
・校庭で、先生に話し掛ける
・テストを受ける
・学校のトイレに入る
・学校の廊下を歩く
・黒板に自分の字を書く

じたり回避を示す場面についてのみ焦点を合わせて検討することになる。

　ケルシーとハープリートに関する2つの階層例を見てみることにする。ケルシーの階層の例は図4.1に示した。ケルシーの事例をもう一度思い起こすようにしてほしい。ケルシーは中学校生活に適応する上で大きな困難を抱えていた。そして、先生や友だちからは完全に引きこもっていた。彼女は地域社会においても引っ込み思案な様子を示しており、ここでは図式化された目的を達成するために学校場面に絞って検討してみることにしよう。ケルシーは他の人と会話を始めるよりも、他の人から問い掛けられたことに対して応じるほうが容易であるように見えた。たとえば、階層のより容易な段階を見てみると、授業中に先生からの質問に応じたり、初めに「こんにちは」と言ってきた人に挨拶を返すことは容易であるように思えた。他の人に話すことは、たとえ短い言葉であっても、階層から言えば中程度以上の困難さがあると考えられた。より長い時間他の人と話すことは、特にその話題が必要性が高いものである時にはケルシーに極めて大きな気の重さを感じさせることになる。そしてこれらの困難さの度合いは階層の最上位に位置づくものであった。ケルシーは授業中に皆の

場面	苦痛	回避
①授業で、皆に聞こえる声で、読んだり話したりする	10	10
②授業で、班の話し合いに加わり、一緒に活動する	9	9
③知り合いでない人に、自己紹介する	8	9
④知り合いでない人と、話を続ける	8	8
⑤知り合いの人と、話を続ける	7	8
⑥校内で、進路相談担当者に話し掛ける	7	7
⑦授業で、教科担任に、質問をする	6	6
⑧授業で、黒板に自分の字を書く	6	5
⑨学校の食堂で、数人の友だちと、話をする	4	4
⑩学校の廊下で、誰でもよいから、話し掛ける	3	4
⑪物理の授業で、数人の友だちと、話をする	4	3
⑫どの授業でもよいから、数人の友だちと、話をする	3	3
⑬スクールバスの中で、数人の友だちと、話をする	3	2
⑭「こんにちは」と挨拶をしてきた相手に、「こんにちは」と応じる	2	2
⑮授業で、教科担任の質問に答える	1	1

図4.1　ケルシーの学校生活場面での階層の例

前でことばを発して発表の機会を与えられることを恐れていた。そのようなことがあらかじめ予測される時には教室から居なくなることさえあった。

　ケルシーについて示した15項目の例を見てほしい。どれも対処が可能なものばかりである。どの項目も彼女に気の重さを感じさせるものであり、そのどれもが回避を引き起こす内容であるが、より困難度の小さなもの（階層の低いもの）からより困難度の大きなもの（階層のより高いもの）へと順序正しく並べられている。これらの評定を必ず用いなければならないということではない。けれども、多くの子どもにとってそれが有益であり、こんなふうに項目を配列することができることは興味深いことである。ケルシーと自分でできる練習を始める時は、より下位の項目から始めて徐々に上位の項目に進めればよい。これらの項目は必要であるならば小分けにしても構わない。たとえば、ケルシーは学校の食堂で2名の友だちに話し掛けることは困難である。その代わり、ケルシーにはある1人に話し掛けた後に、続いて2人に話し掛けるように発展させることができる。

　ハープリートのほうは、場面緘黙を有しており、このような特性を有する子どもの多くは、学校場面に焦点を合わせる以前に、地域社会場面における階層を定義する必要がある。ハープリートについて例示された階層は、図4.2に地域社会に含まれる階層を示した。この図4.2でハープリートの階層の例が確認できる。モデルとして示したケルシーとその構造面において類似している。しかしながら、ハープリートのような子どもの場合は、その階層の刻みはごくわずかの変化でなくてはならない。これらの場面緘黙のある子どもたちの伸びは、ケルシーのような子どもの場合よりももっとゆっくりで微々たるものである。ハープリートの階層はゆっくりで微かな伸びとして捉えることができる。たとえば、彼女は教会で知り合いに2語文発話ないし3語文発話を行ない、その次の段階として教会でよく知らない人に対して2語ないし3語で話し掛けるものが挙げられている。

　ハープリートの階層の例も表の最下位の部分から容易な項目が配列されている。この基盤となる項目としては、公の場でハープリートがよく知る人と話すことを含んでいる。より簡単な項目の多くが家にほど近い、または彼女が慣れ

場面	苦痛	回避
①誰かに時刻や方角を尋ねる	10	10
②教会で、面識のない人と数語で話す	9	9
③教会で、面識のある人と数語で話す	8	9
④家の外で、友だちと数語で話す	8	8
⑤ショッピングモールで、面識のない人に「こんにちは」と言う	7	8
⑥公園で、面識のない人に「こんにちは」と言う	7	7
⑦サッカーの練習中に、誰かに「こんにちは」と言う	6	6
⑧誕生会で、誰かに「こんにちは」と言う	6	5
⑨公園で、友だちに話し掛ける	4	4
⑩ドライブの途中で、友だちに話し掛ける	3	4
⑪教会で、面識のない人に「こんにちは」と言う	4	3
⑫教会で、誰かに「こんにちは」と言う	3	3
⑬ウェイターに、数語で注文をする	3	2
⑭店員に、アイスクリームが欲しいと一言で告げる	2	2
⑮小売店で、親に話し掛ける	1	1

図4.2　ハープリートの地域社会での階層の例

親しんだ場面（近所の公園やレストラン、あるいは教会など）を含んでいる。より困難な項目は、自分一人で他者の助けを借りることなく話すことが求められたりするが、ハープリートの階層に限ってはどれも保護者の注意深い監督が必要とされる（安全第一を旨とする）。ひとたびハープリートがこの階層に熟達したら、他の地域社会場面や学校生活場面で階層を進めることにする。発展させる階層の数や種類を制限する必要はない。

　ハープリートのような子には、図4.2と同時並行で行なうもう一つの階層が必要になる。図4.3は、ハープリートが誰かに話し掛ける方法について、主要な階層（図4.2に示す）の下位の階層を表している。図4.3に示す階層は、より単純なものから複雑なものへの配列となっている（基準となる配列が必要なわけではない）。図4.2から項目を取り上げて例示してみよう。たとえば、公園で友だちに話し掛ける。このような公の場で、基準となる話し掛けの方法は存在しない。しかし、著者らはハープリートに図4.3に示すようなことがらを遂行することを手始めとして要請することになる（ただし、友だちが忍耐強く付き合ってくれることを前提とする）。ハープリートには、彼女の友だちに対して口パクでよい

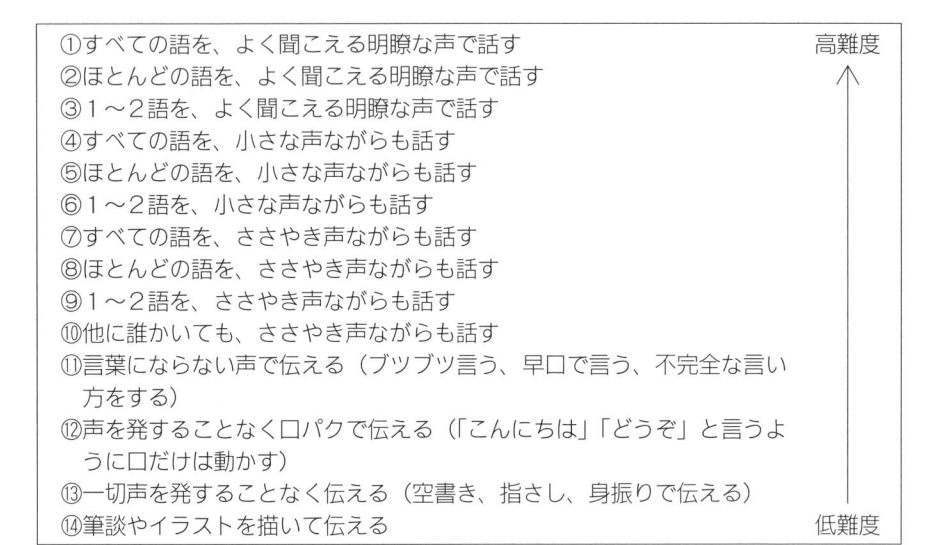

```
①すべての語を、よく聞こえる明瞭な声で話す                    高難度
②ほとんどの語を、よく聞こえる明瞭な声で話す                     ↑
③1～2語を、よく聞こえる明瞭な声で話す
④すべての語を、小さな声ながらも話す
⑤ほとんどの語を、小さな声ながらも話す
⑥1～2語を、小さな声ながらも話す
⑦すべての語を、ささやき声ながらも話す
⑧ほとんどの語を、ささやき声ながらも話す
⑨1～2語を、ささやき声ながらも話す
⑩他に誰かいても、ささやき声ながらも話す
⑪言葉にならない声で伝える（ブツブツ言う、早口で言う、不完全な言い
　方をする）
⑫声を発することなく口パクで伝える（「こんにちは」「どうぞ」と言うよ
　うに口だけは動かす）
⑬一切声を発することなく伝える（空書き、指さし、身振りで伝える）
⑭筆談やイラストを描いて伝える                                低難度
```

図4.3　ハープリートの誰かに話し掛ける行動の階層の例

から「こんにちは」と言うように要請し、これをうまくやり遂げられたら、報酬として好きな遊びに従事することを許すこととしたい。次の段階ではハープリートは友だちに対してささやき声で「こんにちは」と言ったり、物静かな声で「こんにちは」と言ったりすることを要請する。このように彼女のために設定された階層に従って一つひとつの行為を練習していく中で、彼女は話すことに気の重さを感じなくなることが期待され、ついには周囲に居る友だちにはっきりと聞こえる声で語ることができるようになると見込まれる。

　ハープリートのような場面緘黙の徴候を示す子どもに関する特記事項：手始めに階層の設定を行ない、地域社会や学校生活場面で取り組む以前に家で練習を進めてみる必要がある。家庭で練習する階層としては、たとえば、①親やきょうだいに話し掛ける、②その子がよく知っている来客に話し掛ける、③その子がよく知らない来客に話し掛ける、④親が側に居たり、居なかったりする場面で、遊びに来た友だちに話し掛ける、⑤友だちや慣れ親しんだ人に対して、電話口で話し掛ける、⑥慣れていない人に対して、電話口で話し掛ける、それから⑦玄関や電話口に出て応対する、などである。これら①～⑦のことがらの

すべては、あなたの子に公の場で話をすることを要請する前に、達成しておかなければならない。家の中や近所で相手に聞こえる声で話せるようになることを、徐々にでよいから、確実に達成できるようにすべきである。まずは口パクから始めて、それからささやき声でつぶやいて、それから小さな声で話をし、それから側にいる人に聞こえる声で話し掛けるという具合である。

　階層は可変的なものでよい。それはハープリートのような子に変化がもたらされていることを意味している。保護者が階層を辿って新たな練習課題に移ろうとする際に、その練習の対象となっている子が以前に比べて難度が高いとか低いとか言及することは驚くべきことではない。他の人とのコミュニケーションが億劫(おっくう)でなくなると、急激な変化がしばしば生じる。しかしながら、注意してほしいのは、子どもたちが練習の過程で停滞することもあり、注意深く練習を進めることが大切で、その子の発達のために階層を進める場合はほんのわずかの期間を置きながら後押しが必要になることがある。著者として勧告したいのは、子どもと会話をする際には2〜3日おきに階層に盛り込まれた練習課題を意識し、手を加えるべき変化（調整）があるかどうかを検討する必要があるということである。

地域社会での練習——第2段階（難度低）

　ひとたび階層を定めることができ、極度の引っ込み思案、あるいは場面緘黙の徴候を示す子でも家の中ではよく話すということを確認したならば、地域社会で自分でできる練習が開始される。この公の場での練習は、第3章で検討した家庭内で取り組む練習の対処法から自然な流れで導入されることが望ましい。地域社会場面で誰かに話し掛ける練習を始めるにあたり、（それら地域社会場面で）フィードバックを与えられたり、もっとはっきりと話し掛けるよう援助がなされたり、必要な支援が提供される必要がある。（このような取り組みにより）子どもに発展が見られたなら、子どもは自分で多くの対人・社会的な課題をこなしていくことが期待される。子どもが自分でできる練習へと"柔らかに促す"ことについて、決して容易ではないと感じることになろう。しかし注意しなければならないのは、子どもを手助けする全体的な目的というのは、対人

場面で子ども自身がより効果的に振る舞うことができ、交友関係を発展させ、心地よさと信頼感を体験しながら他の人に話し掛けることができるということである。以下に示す3ステップの地域社会での練習について検討してみることにしたい。

地域社会での練習の第1ステップ

　練習の第1ステップは、家の近くで自分でできるものである。この第1ステップを始めるにあたり子どもは家で十分に話すことができ、家の中であれば家人とは違う人との交流ができていることが前提となる。もしそうなっていないとすれば、地域社会に出掛けていく以前に家の中で誰かとのうまい関わりが成立するように手助けすることが求められる。子どもの中には台所とか、その他の（家の中の）さり気ない場所で、誰かとリラックスして話せるようになるための注意深い練習を必要とする子どももいる。また、より気軽で階層の下位（基礎となる段階）に位置する課題を、家の近くでの練習も含めて想定しておくことが重要である。もしも子どもがすでに著者が提示している課題をパスしているとすれば、少し先のほうまでスキップしても構わない。

　（あなたの子が）最初に練習を行なう「地域社会」は、裏庭や中庭、車道ないし玄関先の数歩でさえ、屋外の地域社会といえば言えなくもない。保護者の監督の下で、子どもに近所の友だちや郵便配達員、あるいは彼や彼女が出会う人に、普段どおりに話し掛けてみるように働き掛けてみることである。もしも子どもがさり気なく振る舞っているようであれば、「こんにちは」と挨拶したり、ちょっとしたお喋りをするように促してみる。その練習の過程で、子どもには発話の様子や声の大きさ、アイコンタクトの状況、会話の話題がどうであったかなどについてフィードバックをするとよい。もしも子どもが何と言ってよいやら考えあぐねているようであれば、天気や新たに手に入れた玩具、ペットやその子が話したいと考えることであれば何でも話題として取り上げてよいのだということを知らせ、その子を手助けするのがよい。このような地域社会におけるお喋りの練習を開始したばかりの時点では、家の中で取り組める練習を続けることが望ましい。たとえば、玄関先までの呼び出しに応じる、あるい

は来客や知り合いの訪問に対して応対をするなどである。

　後述の章では、援助の具体的な方法を明示する。第5章では効果的なソーシャルスキルを育てる方法を述べる。第6章では気の重さを感じた場合の身体感覚に対処する方法を述べる。また、他の人との関わりで湧き上がる心配事を変化させる方法を述べる。これら後述の章で紹介される方法をあらかじめ確認しておくことで、いざ子どもがソーシャルスキルや不安を扱うための練習を発展させる手助けとなる。しかしながら、本書で説明する最も肝心な方法は、あなたや教師や友だちから有益なフィードバックを得ながら、コンスタントな練習が行なわれることである。

　家の近くで、ひとたび子どもが必要なことを相手に聞こえる声で話せるようになったなら、地域社会で求められるスキルを練習することになる。その練習はすでに定めた階層のより難しいとされる項目を扱う内容となるはずである。ハープリートが最初に地域社会で練習を始めた時のことを思い出してほしい。この練習では、たとえばスーパーマーケットのような公の場で保護者に話し掛けるというような内容だった。その際、隣人宅やスーパーマーケット、郵便局、コンビニエンスストアのようなちょっとした外出に可能な限り、子どもを連れ立って出掛けるよう依頼した。土曜の朝に食料品の買い物のように必然的であると考えられるようであれば、いつでも子どもを連れだってみることである。

　さらに発展する段階では、子どもが市場などで少なくとも1語文で何かを話すことが期待されているということを告げてみることである。その1語文は子ども自身が選ぶものであればどんな内容でもよいが、聞き取れる大きさの声でなければならない。もしも、子どもがこのようなことをすでに行なえるようになっていれば、親の期待値を高めて構わない。お店で声を掛けてくる人に「こんにちは」と挨拶をするよう要請してもよいし、探している品物がどこにあるかを店員に尋ねてもよいし、少し離れたところにいる誰かに聞こえるように話し掛けてみることを要請してもよい。ごく当たり前の買物時間中にあなたが決めた課題を与えることもできる。ごく当たり前の買い物時間よりも少し長引かせて、店舗に必要以上に滞在するのはよくない。要請したことができた場合に

は賞賛を与え、良かったことと、いかにしてもっと良くできるかを子どもにフィードバックするとよい。いつも賞賛する努力を忘れてはいけない。公の場で話をすることに躊躇(ちゅうちょ)しているようであれば、ゆるやかにプロンプト（手掛かり・援助）を与えて、何が期待されているかを子どもに明確にしてやることである。このような場面で練習を行なうことには価値がある。あなたの子どもは期待されていることを実行するために幾らかの探索を行なうことになるであろう。たとえば店員に話し掛ける前に幾らかの試みを必要とするはずである。

地域社会での練習の第２ステップ

　地域社会において自分でできる練習の第２ステップは、あまり慣れていない場面で行なわれることになる。たとえばハープリートについて定めた階層を思い出してみると、教会で顔見知りでない人に「こんにちは」と言ったり、ウェイターや店員に食べ物を注文したり、誕生会で誰かに話し掛けたりすることを含んでいた。これらの練習はたいてい親が付きっきりで監督するわけにはいかない。親は側に付いているかもしれないが、側に付きっきりでいたり、ただちにフィードバックを与えるほど側にいることはない。これまでよりも子どもが自分一人で練習できるようになるために最優先される場面である。ただしこれらの課題は、子どもが第１ステップで検討した家庭内や家の近所で誰かとうまく関われるようになるまで着手すべきではない。

　前にも述べたように、親が子どもにしてほしいと望むことを子どもに語ることになる。「あの子に話しておいで」のような漠然とした言い方は避けて、その代わりに「あの子の側まで歩いて行って、あの子に聞こえる声で『こんにちは』と言っておいで」と伝えるのがよい。あなたはあまり注意を向けていないようなフリをして、中立的で、かつ事務的に対処しているように装うのがよい。子どもは言われたとおりに人に近づくことが難しいだろうが、「きっとできるよ」「しなければならないことを知っているよね」「君のことばで伝えることが大切なんだよ」のように、励ますような、けれどもキッパリとした言い方で語り聞かせる必要がある。不従順な行動や親の要請に対する不服などは無視をする。また、子どものことを非難したり、コンコンとお説教することはよく

ない。代わりに援助的で期待していることが分かるような声の調子で、子どもの社会関係を発展させるための課題を練習できるようにプロンプトを続けていくのである。過度に内気な子どもの多くは、保護者が指示した練習をキッパリとした態度で、しかも柔らかな投げ掛け方で要請することを譲らなければ、ついにはその課題をやり遂げることができる。

　この第2ステップの練習には、適切に話せたり、話せなかったりすることに対する自然な随伴性（反応の結果）がつきものである。たとえば、親が家族をアイスクリーム・ショップに連れて行き、自分の好きなアイスを各々注文するように告げたとする。子どもが期待どおり、あらかじめ定めた階層に則って、「コーン」とか、「カップ」とか、「チョコレート」などと告げたとする。けれども、本来子どもに期待されていたのは、「チョコレート味のアイスクリームをカップでちょうだい」と完全な文で述べることだったとする。けれども、ここで重要なことは、子どもが店員に意志を告げることがアイスクリームを手に入れることにつながり、明確に告げられないことがアイスクリームを手に入れることを阻むという結果の理解である。この（自然な随伴性に晒す）練習は、子どもがうまく意志を告げられずにアイスクリームを手に入れることができなかった場合に、きちんと対処できる保障がある時にのみ適用されることになる。子どもがうまくいくようになるまで何度か練習機会を与えることは望ましいことである。家族がアイスクリームをおいしそうに食べている場面を目の当たりにして、その場を立ち去るまでの制限時間内に子どもが必要な課題をこなしたならば、その子にもアイスクリームをおいしく食べることを許可して構わないであろう。成功した場合だけでなく、それに向けた努力もすべて賞賛の対象としなければいけない。

　この第2ステップにおける地域社会場面での別の練習は、公園やショッピングモール、レストラン、そしてスポーツ活動などの場面に、誰彼構わずに話し掛けてみるというものである。このステップの練習で子どもは親や周囲の人たちからフィードバックを受け続け、（第5章で紹介するような）有用なソーシャルスキルを練習したり、（第6章で触れるような）不安を取り除く方法を練習することになる。子どもが大きなつまずきを感じる課題があれば、それを別に取り出

しておくことを忘れてはいけない。このステップの練習には数週から数ヵ月を掛け、徐々にスピードアップをはかりながらその練習を進めることを心に留めておいてほしい。

地域社会での練習の第3ステップ

　地域社会における練習の第3ステップすなわち最後のステップで扱う課題は、あらかじめ定めた階層の上位（困難さの程度が高い領域）に位置する。このより複雑な課題を扱うステップでは、広範な場面に存在する不特定多数の人々と会話を行なうことが求められる。たとえば、これまでに行ったことのない場所で（ただし親の目が届く範囲で）、見知らぬ人に道（方角）や時刻を尋ねる課題などが含まれる。第3ステップで扱う課題をこなすには、これまでよりも自力で取り組むことがらが増え、あまり親しみのない人とも相談することが必要となり、周囲にいる人に積極的に話し掛けなければならない。そして、できるだけ自然に難しい課題に挑戦させることになる。もし子どもが教会に出掛けることを常としているならば、その行き来などの機会に会う人会う人に近寄ったり、挨拶をしたりするというのは良い対処法であろう。

　子どもが誰かに近づいたり話し掛けたりする前に、助言を与えておくと子どもも安心である。理想的には子どもが一連の課題を自力でこなせることが望ましいが、第3ステップの練習の初期段階では、何らかの"助け船"を出すことは構わない。様々な対人場面に参入する際には、あらかじめ子どもが十分に対処可能であるということと、具体的に何と言うべきであるのかについて知らせておくことが大切である。（周囲にいる大人は）「こんにちは」と言うこと、質問を行なうこと、相手に聞こえる声で話すことができるよう手助けするべきである。

　この第3ステップで扱う課題の中には、この後に検討する予定の《学校を舞台とする練習》への備えとなる。たとえば、子どもが教会の日曜学校の活動中に質問したり応答したりできるようになることは、通常の学校の授業で行なわれる活動に類似している。子どもはその活動で、適切に他の人と会話を始め、短い文章を使いこなし、多くの人の前で話すことができるようになる。たとえ

ば、近所にできた新しい友だちに自己紹介したり、個別レッスンを受けている音楽の先生と少し長めに会話したり、チームメイトとサッカーの試合について話すことができるようになるかもしれない。著者は、これら一連のステップ（第１〜第３ステップ）を達成することが、次に説明しようとする《学校を舞台とする練習》を容易にすることを発見している。

学校を舞台とする練習——第２段階（難度高）

　過度に内気な子が家の中および近所や地域社会で他の人にうまく話し掛けられるようになったら、今度は学校を舞台とする練習に進むことになる。著者は学校で繰り広げられる練習が最後の砦になると勧告している。なぜなら、学校生活場面というのは最も困難度が高いが、避けて通ることは叶わないからである。地域社会と学校における練習を同時に行なったほうがよい子どもも一定数おり、その場合はそのようにしてよい。一方、学校を舞台とする練習を最初に行ない、それから地域社会で練習を進めたほうがよい子どももいる。その場合もそうしてよい。それでは、自分でできる学校を舞台とする練習について説明をすることとしよう。

学校を舞台とする練習の第１ステップ

　たとえばケルシーのように、学校で他の人に話し掛けることが極めて困難な場合は、困難度の低い場面から練習を始めるようにすることが重要である。学校における困難度が低い場面とは、子どもが面識のある１人か２人に話し掛けたり、誰もいない教室で信頼のおける先生に話し掛けたり、校庭で誰かに話し掛けたり、面談室に出掛けて進路相談担当者に話し掛けたり、始業の直前・正課の直後に誰かに話し掛けるような場面である。校地内あるいは校地のわずかに外側であれば友だちと関わり合うことが容易であると感じる子どももいれば、周辺にいる子どもの数がたくさんなければ話し掛けることに苦難を感じない子どももいる。学校の正課活動（授業や学校行事）が行なわれていない週末であれば校庭で友だちに話し掛けやすいと考える子どももいる。ここに例示したような困難度の低い場面に目を向け、学校で自分でできる練習をスタートす

ればよいかを検討したい。

　この第3ステップにおける子どもが自分でできる練習は、親の直接的な監督をなるべく得ないように進めていく。子どもが自律的に練習できるようになればなるほど、親から受ける指図などをどんどん減らすことができる。親には支援的な学校関係者との緊密な連携が求められるであろう（後述の節で言及する）。この支援的な学校関係者は、子どもの課題遂行状況について親への報告を行なってくれたり、さもなくば子どもが学校でより社会的に振る舞えるための手助けを行なってくれる。さらに、学校で初期の練習を行なっている子どもの中には、教師や進路相談担当者、管理職（校長など）や他のスタッフのような学校関係者に直接語り掛ける者がいる。

　子どもが自分でできる練習を学校で行なう際に、早めに授業に出向くこと、多くの人に「こんにちは」と声を掛けること、そして質問をするよう促すとよい。早めに授業に出向くことは友だちに話し掛ける機会を増加させる。著者は過度に内気な子に「週末はどうだった？」「調子はどうだい？」「学校はどうだい？」などのように話し掛けることを勧めている。多くの過度に内気な子どもは、会話を始めることに困難を感じている。けれども、この例のように皆を"打ち解けさせる"単純な質問であれば質問者に多くが期待されずに済む。そして、場合によってはその"打ち解けさせるような"質問は、多少長めの会話をもたらすことがあり、それが最終的なねらいである。

学校を舞台とする練習の第2ステップ
　学校を舞台として自分でできる練習の第2ステップは定められた階層の低位から中位の項目を扱うことになる。図4.1に示したケルシーの学校生活場面を舞台とする練習の階層を思い起こしてほしい。ケルシーの低位の階層には、授業中に教師の質問に答えること、校内の様々な場面で1人か2人の友だちに話し掛けること、それから授業で指名されたときに黒板に自分の字で答えを書く場面を含んでいた。これらの自分でできる練習には第1ステップで見た自然なフィードバックを伴うことが重要である。たとえば校内で少数の友だちに話し掛ければ、先の段落で述べたような何らかの自由な質問が伴うのが当然とな

る。あるいは、教室で数名の人に「こんにちは」と言う練習をした後には、廊下で少数の人に挨拶を交わすことが必然的に可能となる。

　子どもがあらかじめ定められた階層の手強い(てごわい)課題を十分に達成する以前に、他の何らかのスキルを練習したいと言い出すかもしれない。たとえば子どもが黒板に書き付けるという課題に気が重くなるとする。そういう場合は書き付ける練習を家の中で行なってみるという手もある。あるいは人に声を掛けることを心配に感じているとする。そういう時は親が友だち役を担って手短かなロールプレイを試してもよい。さらに子どもが授業で教師から投げ掛けられる質問に答えるのに困難を抱える場合であれば、家の中でそのような機会を与えることも可能である。このような"舞台裏"での働き掛けはしばしば子どもに実際的な課題に直面した時の自信を与えることになる。

　このステップ（学校を舞台とする練習の第2ステップ）で子どもの練習を行なう場合には、以下に示すような重要な要素を考慮する必要がある。

- 子どもにとって、安心して課題に取り組むことができ、対処可能だと予測できること。自分のクラスで誰かに「こんにちは」と言うほうが2学年上級の相手に同じ挨拶をするよりも容易い(たやすい)に違いない。
- 子どもにとって、その課題を毎日練習することができること。練習の頻度は、子どもの進歩の度合いに直接関連させるようにするとよい。
- 家や地域社会と同じように、学校でもいつもどおりに人に話し掛けることができるように促すこと。こういうふうにできれば、子どもは短期間で自信をもちスキルの獲得も促されるであろう。
- 子どもができる限り対人場面に留まることが可能となること。過度に内気な子どもの中には「こんにちは」と言った途端にその場面を離れてしまう子どもがいるが、より望ましい練習とはより長く会話を続けたり、不安にうまく対処したり、有用なソーシャルスキルを発達させるようなものとならなければいけない。もしも、支援対象の子どもと喜んで会話をしてくれるような友だちが見つかったら、このことが特に重要になってくる。
- 他の人とやりとりをする際に、第5章と第6章で検討するような方法を用

いるよう仕向けること。

学校を舞台とする練習の第3ステップ
　学校を舞台として自分でできる練習の第3ステップはあらかじめ定められた階層のうちで最も困難な課題を含むことになる。図4.1に示したケルシーの学校を舞台とする練習の階層を例にとって考えてみよう。ケルシーにとって最も難しい課題は、あまり面識のない人との会話を続けることや、自己紹介をしたり、授業で設定される班活動に加わること、授業中すべての友だちに向かって大きな声で音読したり、発表したりすることであった。無理を感じることなくケルシーがどこでも練習できることが望まれるが、これは決して難しいことではない。

　本人にとって難しい課題に挑戦させる際は、子どもとの協力および学校関係者との協働が求められる。例としてクラスメイトの前で大きな声で音読することについて考えてみよう。ケルシーが大人数の前で発表することに大きなつまずきがあれば、この課題はいくつかの課題に小分けしてもよい。1つの対処法は、誰もいない教室で担任教師に向けて雑誌の論評や書籍の書評を読み上げる練習が考えられる。このような練習を行なう場合、担任教師はケルシーの声量や態度、発音や時間配分についてフィードバックを与えることになる。ケルシーは、不安に対処するためにリラクセーションと呼吸法（第6章参照）の練習も行なう必要がある。

　ケルシーがこのようにして担任教師の前で発表報告することが可能になったら、課題は段階的に難しくしてもよく、最終目標に徐々に近づけていってよい。たとえば、ケルシーが担任教師、あるいは少数のクラスメイトの前で音読することが可能になったなら、5名の友だちの前、10名の友だちの前、最終的にはクラス全員の前へと進めていけばよい。このようにして、ケルシーは下位課題をこなすたびに自分のスキルに自信をもち、ついには最終目標に到達することができ、あらかじめ定められた階層の頂点に到達することができる。

　この漸進的な取り組みは他の課題に対しても同じように適用できる。たとえば、子どもは、第1に学校の廊下で辺りにあまり人がいない時に自分から話し

掛け、それからより多くの人がいる時に話せるように取り組めばよい。過度に内気な子の中には、授業で発表する前に学校の図書室や職員室のようなより隔離された場所であれば、人に話し掛けることをむしろ好む子どももいる。時間はかかってもよいから、より一層の努力を子どもから引き出せるよういつも期待することである。また、より多くの話し掛け、より大きな声量の話し掛け、そしてより多くの人に向けての話し掛けを子どもに求めてやることである。過度の欲求不満を引き起こしたり、混乱してしまうほど子どもを押し出すことは問題であるが、対人行動を練習できるようそっと肩を押してやることは大切である。

　第3ステップの最後の練習には、あらかじめ定められた課題と当初は含まれていなかった課題を含んでいる。そして、1日の自然な流れの中で出くわす場面を含んでいる。子どもは必然的に生じるいろいろな対人場面あるいは評価場面に適応できるようにならなければいけない。たとえば、誰か見知らぬ人が「こんにちは」と言ってきた時、授業でこれまで経験したことのない問い掛けを受けた時、あるいは他の人の前で主張的にならなければいけない時などが想定される場面である。これらの新奇な場面に対して、気の重さを感じたり拒否的になったりせずに、実用的なスキルを発揮してうまく乗り切ることができれば、望ましい形で成功を修めたということになる。他の人に話し掛けることが子どもの楽しみになったり、自然に受け入れ可能なものになるとよい。子どもにはその子の進歩した話し掛けぶりが他の人からの効果的な応答を喚起することになると知らせておくとよい。

　もし子どもがまだこの段階に到達していない場合には、本書で説明する方法をもう少し練習し続けるとよい。練習には数週間から数ヵ月を要すると思われるが、それでよい。しかしながら、忘れてはいけないことは、多くの内気な子どもが引っ込み思案の徴候をここそこに示すということである。最終的な目標はそういった子どもを社会性に充ち満ちた存在へと変身させることではなく、対人場面で自信をもち、不快感を催さずに過ごせればよいということである。目標を少しずつ現実のものにすればよいのである。

学校関係者との協働——第3段階

　教師と他の学校関係者との協働は、ひとたび子どもが学校で対人関係上の課題の練習を始めたら、とても本質的な事項となる。学校関係者は子どもと保護者に、対人場面あるいは評価場面における子どもの様子についてフィードバックを与えることになる。そして、子どもが学校でもっと社会的に振る舞えるように、あるいはあらかじめ定められた階層の課題（たとえば、相談室で教育相談担当に話し掛けるなど）を順番に提示できるように手助けすることになる。子どもと関わりのある学校関係者と頻繁に接点をもつことでメールや電話、日誌、あるいは懇談会をつうじて、子どもの伸長に関する有益な情報を得ることができる（第2章を参照）。さらに、学校関係者と子どもにとってふさわしい課外活動やそれへの参加のさせ方について話をするとよい。

　もし子どもが過度に内気であったり、ハープリートのように学校では一言も発しない場合、しっかりとアセスメントを行なった上で、幾人かの学校関係者を巻き込んだ介入計画を、学校心理士や学校を舞台として活動するソーシャルワーカーとも連絡を取りながら進めていくことを助言したい。極度の引っ込み思案で、場面緘黙を示す子どもたちの中には、本書で紹介した方法の趣旨をより一層明確化した公法第504条項*から恩恵を受けられるはずである。もちろん必要があれば、標準的な、学業的な、あるいは言語的な介入法の適用もよい。たとえば、学校で一言も発しない子どもの場合、大きな声で音読したり、言語学的な課題を含む標準化された検査を受けたりするような学業課題に対する特別な手助けが必要であることが多い。もしも、このような取り組みを進めようとする場合、カーニー（Kearney, C. A.）による *Helping children with selective mutism and their parents: A guide for school-based professionals* (2010, Oxford University Press　2015年学苑社より翻訳刊行予定) を参照されるとよい。

[訳者註]
＊公法第504条項（リハビリテーション法）：アメリカ合衆国で、1973年に規定されたリハ
　ビリテーション法を指す。「障害のあるアメリカ人法（ADA）」や「障害者教育法
　（IDEA）」に規定される合理的配慮の根拠となっている。

子どもと協力する際によくある落とし穴の回避

　本章で説明してきた数々の練習を親と子どもが真面目に取り組むとする。この練習の過程で保護者が犯してしまう大きな過ちは、対人場面から子どもを救出してしまうことである。保護者に関していえば、子どもに気の重さを経験させたくないという思いから、そのような困惑を予防してあげようとする自然な傾向が働いてしまう。保護者の中には子どもが不快を感じるからという理由で、泣いて嫌がったり、社会的な集まりから離れたいと告げると、早々にそれらを許可して、社会的な責務を果たす絶好の機会をみすみす不意にしてしまう人がいる。過度に内気な子でも、きちんと社会的な集まりに参加し、その場に留まって、もてるソーシャルスキルに磨きをかける機会に恵まれれば、十分に他の人との関わりを楽しむことができるようになるのである。親も一緒に社会的な集まりに参加して、子どもに見事な役割モデルを与えてやることだってできるであろう。

　時折見かける、保護者が犯してしまうもう一つの過ちは、このような練習を行なう場合に子どもを救出する都合のよい理由をすぐに見つけ出して強引に結びつけるというものである。子どもは次第に（そのように親によって結びつけられた）場面を回避するようになってしまう。1例を挙げれば、子どもがいとこと一緒にスクールバスに乗り込める時にだけ、自分もバスに乗って学校に行けると告げたとする。すると、保護者はそのような場面を設定しようとするような場合である。さもなくば、レストランに行った際に、近くに人が座ることのない入口付近のテーブルを要請するような場合である。保護者はこのような要求には請け合わないようにすべきであり、その代わりに子どもが対人場面ではいくらでも出くわす可能性のあるそのような場面に対して、自分でうまく対処していけるように励ます必要がある。

　異なるタイプの保護者もある。それは子どもがそうやすやすとは変わらないということに欲求不満になる保護者である。これらの保護者は時として、練習している最中であるにもかかわらず、子どもを叱りつけることがあり、こんこんと説教をしたり、避難したりすることがある。著者は一人ひとりの過度に内気な子が一体どれくらいの時間でこれまでよりも社会的になるかを説明できな

いが、少なくとも数ヵ月は辛抱強く様子を見ようという態度は良い対処法であるといえよう。親は子どもを過度にならない程度に押し出し、微かに肩を押すというような両者のバランスをはかりながら、親自身の関与（役割）をしっかりと自覚して練習を進めるのがよい。食事の時間には、温かな援助的な声の調子で子どもに向かうことが必要である。

すべきことと、すべきでないこと

ここでは、親の役割について、してよいこととすべきでないことを、いくつか再掲しておくことにする。

すべきこと

- 子どもと協力する際、対人場面あるいは評価場面の階層を発展させること。このことについては家でも、地域社会でも、学校でも同様である
- 子どもの良好な対人行動には、頻繁に報酬を与えること。これもあらゆる場面に共通である
- 子どもの課題達成度についてフィードバックを与えること。とくにどのように話せていたか、あるいは不安に対処できていたかについて
- 様々な場面で練習をする際に、温かく、支援に満ちた声で語り聞かせること
- 学校関係者と緊密な連携を行ない、子どもの対人行動を発達させること

すべきでないこと

- あらゆる対人場面から子どもを救出してしまうこと
- 練習中に、叱りつけたり、こんこんと説教したり、非難したりすること
- あらゆる出来事を子どもの引っ込み思案傾向と結びつけること

第 4 章　地域社会や学校で自分でできる練習

次章では

　本章で取り上げた注意力を要する課題の多くは、本章に続く 2 つの章（第 5 章と第 6 章）で取り上げるスキルを練習すれば、達成が容易であるだろう。次章は子どもが他の人との関わりをもつ上で重要なソーシャルスキルを取り上げ、それに続く第 6 章では身体的なリラクセーションにより不安にうまく対処することと心配事を変容させる方法について紹介する。これらのスキルを練習することにより、過度に内気な子が他の人と関わり合うことを発展させられることであろう。

第5章 ソーシャルスキルの促進

　リングは小学3年生で8歳の女の子である。彼女は、過度に内気で、学校では他の子どもが周りにいる時ぎこちなく見える。彼女はめったに人とアイコンタクトを行なわず、しばしばうつむいたままで、そして話をしていてもそれを理解することが困難である。リングはとても静かに話をする。そして、昼食や休憩時間には、よく一人で過ごしている。リングのクラスメイトは、自分たちは彼女のことが好きだけれど、彼女のことはよく知らないと言う。クラスメイトの中には、リングを自分たちの遊びに誘った人もいたが、彼女はたいてい首を横に振って、そしてただ校庭の周りを歩くだけだった。この学年の現段階では、リングのたいていのクラスメイトは彼女を無視していて、リングは時々悲しそうに見える。

> 本章で解説すること
> ・過度に内気な子のソーシャルスキルについて学ぶこと
> ・過度に内気な子のソーシャルスキルの発達を促すこと
> ・自分でできる練習の中でソーシャルスキルを使うこと
> ・過度に内気な子のソーシャルスキルの向上を促すために学校関係者と協働すること

　過度に内気な子は成長するにつれて、リングのように他の人を回避する傾向を示す。彼らは、仲間やクラスメイト、その他の出会う人を含む新たな場面を回避する。過度に内気な子の多くはまた、「他の人とは話をしたくない」「遊びや他の人との関わりのために努力をすることは好まない」といった特徴的な対

人行動を示す。あなたは、リングがうつむいたままでいて、遊びの誘いを断り、校庭の周りでコソコソしていたというエピソードからそれを理解することができるだろう。それらの行動は、他の子どもへある種のメッセージを送ることになる。それは、「独りにしておいて」ということである。しかしながら、他の子どもが本当に彼女を独りにしておくと、たとえ彼女が本当は友だちになりたいと思っていたとしても、リングの引っ込み思案はただ悪くなるばかりである。

　保護者はしばしば、自分たちの内気な子は「生まれた時からこうだった」と言う。過度に内気な子の多くは、幼少期の数年間、何でも一人で行なうようなある種の気質を持ち合わせている（第2章で説明）。リングの両親は、「自分たちの娘は、幼稚園でもいつも一人で遊んでいたし、たいていは家族の近くにだけいたいと望んでいた」と言った。しかしながら、何でも一人で行なう行動が続くにつれて、リングの場合のように他の人と関わり、他の人との関わりを導く重要なソーシャルスキルを学ぶ機会がほとんどなくなってしまうのである。

　内気な子が、会話の最中のアイコンタクトのような重要なソーシャルスキルの発達につまずくと、彼らの他の人との関わりはよりぎこちなくなっていく（図5.1参照）。他の子どもは、リングが言っていることを理解することに苦労し、ひょっとすると結果的に彼女をあざ笑ってしまうかもしれない。このようなぎこちない他の人との関わりは、リングに何をもたらすだろうか。あなたは以下のように考えるかもしれない。今よりも引きこもる行動をとるようになったり、仲間や他の人から今よりもっと疎外されるようになったり、ソーシャルスキルの練習の機会がより一層少なくなることなどである。このサイクルは、繰り返し続いていき、より内気な状態を作り上げたり、子どもに友だちがまったくいないというような状況を導くなど、より状態を悪くする可能性もある。

　この章では、子どもがうまく人と関わり、人前で何かすることを学ぶ上で必要なソーシャルスキルに焦点を当てる。ソーシャルスキルとは、人が話している時は邪魔をしないなどの、多くの人が当然だと思っているようなスキルのことである。しかしながら、過度に内気な子の何人かにとっては、それらの基本的なスキルを学習したり練習したりする機会はほとんどない。したがって、こ

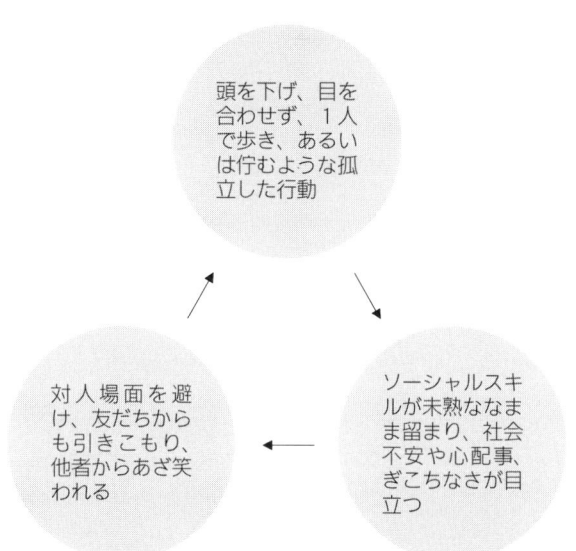

```
        頭を下げ、目を
        合わせず、1人
        で歩き、あるい
        は佇むような孤
        立した行動
  ↗                    ↘
対人場面を避           ソーシャルスキ
け、友だちから   ←    ルが未熟ななま
も引きこもり、         ま留まり、社会
他者からあざ笑         不安や心配事、
われる                 ぎこちなさが目
                       立つ
```

図5.1　引っ込み思案な行動、未熟なソーシャルスキル、引きこもりの連環

れらには、他の人とどのように話をしたらよいのかや、友だちの作り方などを学ぶいくつかの手助けが必要となるかもしれない。はじめに、ソーシャルスキルとは何かについて話をしよう。

ソーシャルスキルとは何か

　ソーシャルスキルとは、人との関わりや人前で何か（腕前を披露）するために私たちが用いる行動のことである。同僚や近しい間柄の人と会話をする際のことを考えてみるとよい。この過程において、あなたが用いるいくつかの重要なソーシャルスキルとは何だろうか。これらのスキルのうちのいくつかは、私たちにとって基本的でさらに自然なものであるため、私たちはそのスキルについてあまり考えることはない。私たちはアイコンタクトをして、他の人が話をしている時は聞き、邪魔したりせず、他の人が話を終えてから自分の話をする。私たちは密着を避けるために、約90～150センチメートル離れたところに立ち、質問をし、賛辞を与え、他の人が自分が聞きたくないことを話した時でさえ自分の感情をコントロールする。

チェックリスト5.1　児童や青年にとって重要なソーシャルスキル

- ☐ 他の人からの遊びの誘いや他の人との関わりを受け入れる
- ☐ 他の人からの賞賛や褒め言葉を受け入れる
- ☐ ドア越しや電話で応答する
- ☐ 他の人に手助けを求めたり情報を尋ねる
- ☐ 何か頼まれた際に「いやだ」と拒否の自己主張をする
- ☐ 楽しい活動のために、誰かに電話をかけたり誘いかけをする
- ☐ 感情的に即座に反応するのではなく、衝動や怒りをコントロールする
- ☐ ゲームや共同活動において、他の人と力を合わせる
- ☐ 悲しみや不安をうまく取り扱う
- ☐ 戸惑いやからかいのようなストレスフルな状況をうまく取り扱う
- ☐ 遊んだりテレビを観る前に学校の宿題を完成させるなど、満足感の充足を遅らせる
- ☐ 人前で適切なやり方で食べる
- ☐ 賛辞や好意を与えたり受け入れたりする
- ☐ 「こんにちは」と言って笑うなど、正しく人に挨拶をする
- ☐ 喜びや悲しみや怒りなど、自分や他人の感情を理解する
- ☐ 他の人との会話をはじめたり維持する
- ☐ 自分や他の人のことを紹介する
- ☐ 仲間との活動に参加する

- ☐ 他の人との会話の最中は頭を上げたままにしておく
- ☐ 他の人の話を正しく聞く
- ☐ 会話の最中は他の人とのアイコンタクトを保つ
- ☐ 個人の衛生や身だしなみを保つ
- ☐ 食堂で食事を注文する
- ☐ 人前で活発に何かをする
- ☐ 他の人を邪魔することや不適切な接触を慎む
- ☐ 叫んだり侮辱したり、皮肉を言ったり叩いたりといった無礼な行動は慎む
- ☐ 不適切なことをさせるような集団のプレッシャーに抵抗する
- ☐ 問題解決のための理性的な話し合いなどにより、他の人との葛藤を解決する
- ☐ 適切に感情を分かち合う
- ☐ はっきりと話をする
- ☐ 明瞭に十分な声量で話をする
- ☐ 人前で話をしたり何かを読んだりする
- ☐ 他の人の立場に立ったり、他の人がなぜそのように振る舞ったのか知る
- ☐ ゲームで遊ぶ際に交替で行なう
- ☐ 「どうぞ」「ありがとう」「すみません」と言うなどのマナーを使う
- ☐ 人前で文字を書く

考え得る限りのソーシャルスキルのリストに目を通して整理をすることは、莫大な時間とエネルギーを使うため、この章では対人行動や人前で何かする行動、友だちを作ったり維持するために最も重要なスキルに焦点を当てる。それらのカギとなるソーシャルスキルがチェックリスト5.1である。このリストに目を通し、あなたの子にとって問題であると思われるソーシャルスキルにチェックマークを入れてみることである。必要であれば、他の人に手助けを求めるべきである。あなたが特定のスキルが問題かどうか決めることができなければ、あなたの子に尋ねたり、これから何日間か注意してそのスキルを観察する必要がある。誰かがあなたの子が聞きたくないことを行なった際の反応には特に注目すべきである。あなたの子は情動をコントロールするのに苦労していたり、話をすることを拒否したりしているか。もしくは、はっきりと理性をもってその問題を話し合えているか。

あなたがこのリストを調べる際、必ずしも内気な子全員がソーシャルスキルに欠けているわけではないことを心に留めておく必要がある。あなたはこのリストのどの項目にもチェックマークを入れないかもしれないが、それでも構わない。内気な子はたいてい、ソーシャルスキルについて3つのタイプの中の1つに属する。

- 内気な子のうちの何人かは、完璧にうまくいくソーシャルスキルをもっている。彼らはしばしば他の人にそのスキルを十分に示さないだけである
- 内気な子のうちの何人かは、いくつかの微調整を必要とするものの、良好なソーシャルスキルをもっている。彼らは、ソーシャルスキルを練習しないために少しぎこちなさがある。しかし、うまくいくためにはもう少し練習が必要である
- リングのような内気な子のうちの何人かは、十分なソーシャルスキルをもっておらず、それらのスキルを練習して身に付けるために多くの時間が必要である

あなたの子には、どのカテゴリーが最もピッタリと合っていたか。あなたの

子が他の人と自主的に関わっている様子を観察してみてほしい。もしくは、どう思うかについて他の人に尋ねてみるとよい。しばしば教師やベビーシッター、きょうだいや親戚が、このことのついての良い情報源となる。というのも、これらの人たちはあなたが不在の際にあなたの子が他の人と関わるのを見ているからである。あなたはその人たちが言うことを聞く際、素直にその話を聞く必要がある。そして、内気でない子もソーシャルスキルを練習し続ける必要があること、つまりたとえあなたの子が良好なソーシャルスキルをもっていたとしても、練習し続けるための励みとなるものがいくつか必要になるかもしれないということを心に留めておくべきである（第3章参照）。

内気な子のソーシャルスキルの発達

　子どもがソーシャルスキルを発達させるために手助けを必要とする時、この過程においては、子どもの近くにいる人々がとても重要な存在となる。第3章と第4章で述べた、子どもが他の人と関わったり、人前で何か（腕前を披露）することを促すために、保護者が一般的にできる様々な方法を思い起こしてみることである。

　具体的には、以下のような方法が考えられる。
- あなたの子が極度の引っ込み思案を克服するために賞賛を与える
- 良い会話の練習を毎日の生活の中で行なう
- 日常場面においてドア越しの応答などをさせてみる
- 他の人との関わりについて話をするために基本的な生活場面について検討する
- 対人行動を増やすためにあなたの子にお使いを頼む
- 子どもの課外活動への参加機会を増やす
- （不安階層*を模した）階層表を作成し、あなたの子に対人場面の自分ででき

[訳者註]
不安階層：不安や恐怖を引き起こすような刺激や状況を特定し、その主観的な強さを段階的に配列するものである。表などにまとめられ、CBT（認知行動療法）における治療の際に活用される。

る練習を促す
- 内気な行動に対してうっかり褒めてしまうような一般的に陥りやすい過ちを避ける

　次に、あなたの子がチェックリスト5.1に列挙したような、ソーシャルスキルや人前で何か（腕前を披露）するスキルを発達させる手助けとなるよう、より具体的な方法について論じる。

　ソーシャルスキルを練習する機会を増やすために、第3章と第4章で述べた方法を練習し続けることが重要である。子どもは、家族と一緒にいる間は良好なソーシャルスキルを発達させているかもしれない。しかし、家の外でもそれらのスキルを実行できなければならない。子どもは、肯定的で構造的なやり方で、多くの人と関わらなければならない。またそのことにより、子どもは友だちを作ったり交流を維持したり、褒められるような対人行動を理解するのである。

　チェックリスト5.1から、あなたはあなたの子にとって最も困難だと思うソーシャルスキルを5つまで見極める必要がある。あなたは、あなたの子がこれよりもかなり多い数のスキルに困難を抱えていると感じた場合や、（数は5つ以内に収まっても）それらのスキルについて深刻な困難を抱える場合には、ソーシャルスキル・トレーニングを専門とする有資格の精神衛生専門家の手助けを得たいと望むかもしれない。あなたが5つではなく、1つか2つのスキルしか見出せなくとも、それはそれでよい。子どもの中にはある種のスキルについてはほんの少し練習するだけでよい子もいることを思い起こしてほしい。そのような場合は、微調整を必要とするスキルについて取り組むことができる。この章で述べる方法も応用することができる。

　著者らがリングに対して見極めを行なうとしたら、チェックリスト5.1のどのソーシャルスキルを選ぶだろう。彼女に対しても、いくつかのスキルの困難が当てはまるはずである。

- 他の人とアイコンタクトを図り、それを維持すること

- 他の人と話をする際に顔を上げたままにしておくこと
- 他の人と関わる際にはっきりと話をすること
- 十分な声量で話をすること
- 他の人からの遊びの誘いを受けること

あなたの子についても、同じようなリストを作成することである。そして、さしあたっては最大5つまで主なスキルに再び焦点を当ててみるとよい。あなたの子のリストをまずここに作成してみてほしい。

1. _____
2. _____
3. _____
4. _____
5. _____

続いて、それらのスキルを、「ある程度発達している」または「それほど多くの練習を必要としない」もしくは「ほとんど取り組む必要がないもの」から、「多くの練習が必要である」あるいは「最も多くの練習が必要である」ものまで、（その階層を）順番に並び替えるのである。

リングの場合であれば、順番は次のようになるだろう。

- 他の人と関わる際にはっきりと話しをすること（最も練習を必要とする）
- 他の人から遊びの誘いを受けること
- 十分な声量で話をすること
- 他の人と話をする際に頭を上げたままにしておくこと
- 他の人とアイコンタクトを図り、それを維持すること（最も練習を必要としない）

あなたの子についても、リストをこの下に併記してみてほしい。

1. _____ （最も練習を必要とする）
2. _____
3. _____
4. _____
5. _____ （最も練習を必要としない）

　このリストはあなたに、ソーシャルスキル・トレーニングを始めるためのよい順序を示唆してくれるだろう。あなたとあなたの子は、一番下の項目から始めてそこから順に上がっていくことで、だんだんとリストを進めていく。そうするためにはあなたの子の協力が必要であるということを心に留めておかなければならない。つまり、この過程にはあなたの子も含まれており、ひょっとするとあなたの子にこの章を読ませることは良い対処法となるかもしれない。あなたの子がソーシャルスキルの発達に抵抗する（順調にソーシャルスキルの進捗を示さない）場合には、子どもの側の肯定的な努力について褒める必要がある。たいていの内気な子は、友だちをつくりそれを維持したいと思っているが、その方法を知らない。あなたの子に他の人と話す方法を発達させることは重要なことで、そのことは自分の内気さと孤独とを減らす手助けとなることを伝えなければならない。しかしながら、あなたはソーシャルスキルの練習は毎日行なわなければならないものだということも伝える必要がある。その際に、ソーシャルスキルを学ぶことと練習を通して身につけることはそんなに長い時間かかるものではないということは、気を楽にさせることになるであろう。

　続いて、あなたの子にソーシャルスキルを教えるための具体的な方法について論じる。あなたとあなたの子はこの過程において、初めのうちは一緒に取り組む。しかしながら、あなたの子のソーシャルスキルが上達してきたら、それらのスキルは仲間やクラスメイトや他の子どもと一緒に、より自主的に練習しなければならない（第4章で説明）。子どもにソーシャルスキルを教える主な方法は、モデリングと練習とフィードバックを用いることである。この章のほと

んどがこの方法の説明に紙幅を費している。同時にあなたの子が他の人の視点に立つ能力を向上させることや、自分自身や他の人の情動を見極めるなどのその他の提案もなされている。

モデリング、練習、フィードバック

　私たちが未獲得のスキルを新たに学習する際は、しばしば他の人がどのようにその行動を行なっているかを観察する。たとえば、正しく話をすることを学習している最中の幼児も、親がどのように話をしているかを観察し、そして彼らの話し方を実際にマネしてやってみる。ある幼児がクッキーのことを「ウーイー」と言ったとすると、親ははっきりと「クッ・キ・イ」と発音してみせるだろう。そして、そのことにより子どもは、その言葉は正しくはどのように言えばよいのかを理解する。また、自転車に乗りたい子どもは、初めは他の人がヘルメットをかぶっていることやサドルに座ってること、バランスをとっていることや足でペダルをこいでいることを観察する。児童ばかりでなく青年も同様に他の人を模倣する。たとえば、彼らは仲間がダウンロードしている音楽の種類や、他の人がどのようにコンピュータのデータをダウンロードしているのかについてまず第一に観察する。

　子どもが他の人を観察することによりスキルを学習する際、これをモデリングと呼ぶ。モデリングとはソーシャルスキルを教えるための卓越した方法である。子どもは、効果的なコミュニケーションや関わりの方法を学ぶために、他の人がお互いに話をする様子や人前で何か（腕前を披露）する姿を観察することができる。過度に内気な子の多くは、しばしば対人場面から引きこもっているために、他の人との正しい関わりを積極的にマネすることがない。著者らはあなたの子のこのような点（自分からマネしようとしない点）を変えなければならないと考える。あなたの子は、他の人との関わりに熟達した人を観察する場面にもっと多く立ち会わなければならないのである。

　モデリングの重要な部分の1つは、練習である。子どもは一たん他の人がある種のスキルをどのように遂行するのかを理解すると、そのスキルを自分でも練習することができる。子どもは、ただ観察しているだけでは自転車に乗るこ

とを身につけることはできない。結局は、自転車に乗って自分で練習をしなくてはならない。このような練習の初期段階では、いくつかの手助けが必要だろうが、もちろんそれで構わない。保護者は子どもがバランスをとる手助けをするために、そっと自転車を支えたり訓練用の補助輪を取り付けたりするかもしれない。子どもが自信をもって、自転車に乗る能力を身につけたら、より自主的に乗ることができるよう手助けを減らせばよい。同じことがソーシャルスキル・トレーニングにも当てはまる。新たなソーシャルスキルを学習する子どもは、はじめはいくつかの手助けを用いて行動を練習するだろう。しかし、時間が経つとより自主的にその練習を行なうようになる。

　モデリングの重要な部分にフィードバックがある。フィードバックは子どもにどのようにスキルが遂行されていたかについての情報を与えることを意味する。私たちは皆、新たなものを学習する際は、熟達した他の人からのフィードバックを必要とする。自転車に乗る練習をしている子どもは、親から大きなデコボコを避けることや、両方の足をペダルに押し付けること、進行方向を見るために、頭を上げたままにしておくことなどのフィードバックを得ることができる。同じような過程が、あなたの子のソーシャルスキル・トレーニングを行なう子どもにも応用できる。あなたの子は様々なソーシャルスキルを身につける際にモデリングや練習、あなたや教師、他の人からの欠点を直すためのフィードバックを必要とし、それはあなたの子にソーシャルスキルを微調整するために何が必要なのかを理解させる手助けとなる。フィードバックはあなたの子の努力と成功に対する多くの賞賛も含むべきである。

　モデリングと練習、そしてフィードバックは、ソーシャルスキルを身につける基礎となる。あなたの子のより良いソーシャルスキルを発達させる十分なアイデアを用意するため、各節に書かれたこれらの過程について、もっと詳しく検討する必要がある。あなたの子は、自分もこれらの方法においてソーシャルスキル・トレーニングを遂行する一員であることを意識しなければならない。そしてゆっくりと始めるように促すべきである。多くの努力をすればするほど、多くの成功につながるとあなたの子に、理解させることによって、この方法で努力するよう励ますことも忘れてはならない。

モデリング

　あなたの子にとって最適なモデル（行動見本）は、あなたの子と年齢の近い子である。あなたの子は自分より年下の子どもが何をしているのかについて関心がない場合があり、また自分より年上の子どもが行なっていることに対して自分ができないと感じてしまうことがある。10歳の子どもの多くは、15歳の子どもが行なっていることを観察し、そして「自分はそれはできない」と言う。そして、しばしばその考えが正しく、少なくとも現時点ではできないこともある。そのため、あなたの子と年齢の近い子どもをモデルにする必要がある。これらの子どもは、きょうだいや親戚や近所の人やクラスメイト、あるいは他の仲間などである。そして、これらの子どもは、あなたの子が十分良く知っていて心地よく感じる人であるべきである。モデルは社会的に成熟していて（過度に内気でなく）自発的であり、あなたが頼んだ課題を遂行できる子どもを見極めなければならない。

　保護者の中には、あなたの子は他の子どもとまったく話をしたがらないくらい内気だと言う人もいる。あなたとあなたのパートナーは、この場合、ソーシャルスキルのよい役割のモデルとなるかもしれない。最初は、あなたはあなたの子が会話を始めそれを維持する手助けをする存在となるのである。しかしながら、その方略はいくつかのリスクも伴うことを心に留めておかなければならない。子どもの中には保護者と会話をする際にはうまくやれ、そして不安も少ない子がいる。子どもは、あなたと話をする際は申し分なくうまくやれても、他の子どもと一緒にいる時は苦労しているかもしれないのである。

　あなたがあなたの子と近い年齢でモデルとして行動してくれる数名の子どもを見つけたら、あなたの家に来るように声を掛けるべきである（その子どもたちの保護者も一緒だとよいだろう）。モデルの子どもには先立って彼らに頼もうと思っていること、つまりお互いに話をしたり誰かに手助けを求めたりなどの基本的なスキルの練習について知らせておくとよい。リングの初めの課題は、アイコンタクトを増やすことだった。このことがあなたの子にも当てはまるならば、内気なあなたの子が見ている時に、お互いに短い会話をするようお願いしておく必要がある。モデルには礼儀正しくふるまってもらい、お互いの十分な

アイコンタクトをしている限りは、話したいと思うことはなんでも話すことができるということを示すのである。

　短い会話を観察することができるようにあなたの子と一緒に座ってみることだ。これは1分以内で構わない。あなたの子にもあなたが取り組んでいる具体的なスキルについて特に注意を払うよう促すべきである。ここでの例で言えばアイコンタクトに注意を払わせるのである。あなたはモデルに数回会話を繰り返すように頼むかもしれない。そのことによりあなたの子は何が起こっているのかについて、その一部始終を観察することができる。モデルの保護者からの許可が取れた場合は、あなたの子と後で良いアイコンタクトができていたかどうかを見るために、会話をビデオに撮ることができるとよい（解説5.1）。

練習とフィードバック

　あなたの子が、自分が必要としていることについて十分な実感を得たら、あなたの子にあなた（保護者）や、もしできればモデルと一緒にスキルを練習するよう促すとよい。アイコンタクトの場合で言えば、モデルの1人にはあなたの子が頭を上げたままにして、そして良いアイコンタクトを行なっている時にだけ、あなたの子に話し掛けをしてもらうよう求める。あなたの子は何か話をしなければいけないというわけではなく、ただ話を聞いてアイコンタクトだけをすればよいのである。このような場面では、以下に挙げる3つのうちの1つが起こり得る。①あなたの子は短い関わりの間中、良いアイコンタクトをする（繰り返すが、1分以内）。②初めは良いアイコンタクトをしていたが、会話の最中に目をそらしてしまっている。③モデルとのアイコンタクトに非常に困難を抱えている。

　あなたの子が関わりの最中にアイコンタクトを続けていたら、取り組みや成功に対して多くの賞賛を与えるとよい。あなたの子が会話の最中にいくらかのアイコンタクトができているという場合であっても賞賛を与え、子どもが正しく行なえていたということを示す必要がある。また、次回は少し難度を上げて試してみることや、時間いっぱいアイコンタクトができるかどうかに注目するのもよいだろう。この時点では、次の段階に進む前に少なくとも1分間はアイ

解説5.1　他の人と会話を始め、維持すること

　内気なあなたの子が学習し、そして練習すべき最も重要なソーシャルスキルは、他の人と会話を始めてそれを維持することである。モデリングやこの章で紹介される他の手続きを用いることで、どのように他の人と会話を始めて、そしてどのようして数分間程度であれば会話を続けられるのかについてあなたの子と一緒に多くの時間を費やして検討していく。あなたの子に、以下のことを教えていくことが重要である。

・他の子どもたちが何をしているのかについての質問を行なうこと
　（遊んでいるゲームなど）
・活動への参加を促すこと
・週末や夕方に予定されている計画について話し合うこと
・他の人に賛辞を与えること
・新しい活動に誰かを誘うこと
・注意深く話を聞いて、他の人が話していることを受容すること
・ペットや最近見た映画などの個人的な情報を共有すること
・その日クラスで何が起こったのかなど共通の話題について話をすること
・礼儀正しくマナーを守り、他の人に対して敬意を払って接すること
・1人以上の人に近づき、笑顔で「こんにちは」と言い、自己紹介すること

　子どもにこの過程を教える際は、他の人との長い会話を期待してはいけない。主な目標は、あなたの子に他の人と今よりも話をするようになることと、他の人と話をすることが肯定的な関わりを引き起こし、うまくいけば友人関係の構築に結び付くことを理解させることである。あなたの子が、他の人はいつも自分に対して理解が早いわけではないことを理解させたり、社会的な進歩がいつも順調にみられるわけでないことを知らせる。つまり、人々の中には、忙しかったり利己的であったり注意がそれていたり、あるいはその時はただ単に興味がない場合もあるということを理解する手助けをすべきである。そして、あなたの子に、遊んだり話をしたいと思う人を探し続けるよう励ますことである。きっと見つかるだろう。

コンタクトができるようになっていることを確認する必要がある。

　あなたの子がアイコンタクトをまったくできなかったような場合は、アイコンタクトの有無ではなく試みたことに対して賞賛を与えるとよい。これは練習を必要とするスキルだということなのである。あなたの子に数秒間でよいからアイコンタクトをするように促し、取り組んだことに対して賞賛を与える。だんだんと、あなたの子がアイコンタクトを維持する時間を増やしていけばよい。たとえば、2秒、4秒、6秒、8秒、そして15秒というように。たったこれだけのことを行なうのに1日や2日かかったとしても、がっかりしてはいけない。あなたの子が十分満足がいく時間アイコンタクトを維持できるという段階に到達するまでに、数日間もしくは数週間の練習が必要となるかもしれない。

　一たんあなたの子がモデルとのより良いアイコンタクトが可能になったら（もしくはリストの最下位にあるスキルなら何でもそれができるようになったら）、家族やあなたの子が日中に普段よく会う他の人との間でその基本的なスキルを練習させるとよい。あなたの子に、頭を上げたままにしておくことや、会話の最中にアイコンタクトを続けることなどを思い起こさせるようにする。著者らはアイコンタクトや他のソーシャルスキルが、あなたの子がいちいち考えることなしに自動的にできるようになることを望んでいる。あなたの子は、アイコンタクトをした際に他の人がどのように応答するのかについて特に注意を向けるべきである。たとえば、自分とより多く話をしてくれるということや、自分の話している内容によりしっかりと注意を向けてくれることなどに対してである。アイコンタクトや他のソーシャルスキルが増加することは、うまくいけば笑顔を引き出したり、力強い賞賛の誘因となるなど他の人からの肯定的な反応を引き起こすだろう。

その他のソーシャルスキル

　モデリング、練習そしてフィードバックは、最終的には子どものが練習すべきソーシャルスキルのリストに示されたその他のスキルにも応用することができる。リングの場合は、「アイコンタクトを図ること」の次に、「他の人と話を

する際に頭を上げたままにしておくこと」が続けられていた。アイコンタクトを図るために、彼女は頭を上げ続けなければならなかったため、一度リングが良好なアイコンタクトをすることができたら、このスキル（頭を上げておくこと）の一部はすでにその機能を果たしていたことになる。さらに、リングは誰か他の人が彼女に話している時にも頭を上げておく必要があった。あなたの子がリングのようにその他のソーシャルスキルを練習する場合も役割モデルを使い、フィードバックを与えることが必要である。このモデリング→練習→フィードバックというサイクルは繰り返されなければならない。

　あなたの子が彼女のリストに示されたスキルを順に達成するうち、彼女はより複雑な、あるいはより難しいソーシャルスキルを身につけるための練習ができるだろう。十分な声量で話すことと、他の人からの遊びの誘いを受けることは、リングには難しいことだった。彼女の場合は、モデルの観察と多くの練習と、もっと大きな声で話して、はっきり聞こえるようにするための保護者からの頻繁なフィードバックを必要とした。彼女はまた、「うん、ありがとう。遊ぼう」というような遊びの誘いでは、いつもハッキリ話すように促された。それを行なう際に、彼女はアイコンタクトを維持することと、頭を上げておくことといったすでに身につけている他のスキルを練習した。

公の場での練習

　あなたは、あなたの子が他の人のいる公の場でより多く苦労をしていても、家のようなプライベートの場面ではうまくできることに気づいているかもしれない。これは、内気な子にはよくあることである。しかしながら、子どもがソーシャルスキルを練習する時には、レストラン、ショッピングセンター、そして特に学校のような公の場でもっと多く練習する必要がある。遊びの誘いを受けることは、学校の運動場では最も欠くことのできない機会である。リングの場合は、ゆくゆくは他の人が彼女を遊びに誘った時、受け入れる方向で彼らに答えることを期待された。このような誘い掛けの機会を設け、その場に居合わせる教師や友だちの助けをリング自身が借りられるよう、学校関係者との協働を必要とした（学校関係者に関する後の節を参照するとよい）。

あなたの子が重要なソーシャルスキルを練習することを手助けするために、公の場できちんと話すように励ますべきである。第4章の自分でできる練習をここで述べられたソーシャルスキル・トレーニングと組み合わせることも有効である。たとえば、レストランで食べ物を注文する時に、はっきりと明確な発音で、しっかりとアイコンタクトを図って話すように子どもに言う必要がある。もしそれを正しく行なうために、2、3の練習が試みられたのなら、それでよいだろう。この場合もまた、助けとなるやり方であなたの子にフィードバックを与える必要がある。そして、頑張ってうまくできたことを褒めるべきである。もう一つの良い方略は、あの時こんなふうにできたのではないかということをあなたの子に尋ねることである。ある内気な子はサッカーで、人と話すのに頭を上げておくことがもっと上手にできたかもしれない。あるいは、ゲームにもっと参加することができたのではないかと言えるかもしれない。常に、あなたの子が（特に日々の場面における）重要なソーシャルスキルを練習し、考えるように求める必要がある。

　ソーシャルスキルの練習は重要である。しかし、これは他の人との関わりの行動の一部にすぎない。子どもの中には、思考や感情などの対人行動の別の側面についても学ばなければならない者がいる。私たちが他の人と関わる時、私たちはたいてい他人が考えたり、感じたりしていることの見当をつけるために、細かく注意して彼らを見る。私たちは他人が次に言うこととやることを見極めようとして姿勢や顔の表情を見る。内気な子は、他の人を「読む」方法を理解するために時折手助けを必要とする。したがって、次の数節を使って、著者は過度に内気な子が他の人の視点に立つこと（思考）と、彼ら自身と他の人の感情を区別することの支援に焦点を当てる。

他者の視点に立つこと

　私たちの多くが有している重要なソーシャルスキルは、他の人が考えたり、感じたりしていることを理解し、正しく評価することである。私たちが、同僚やパートナーと話をする時、自分の発言が、他の人にどのように影響を及ぼすかを観察する。内気な子の多くは自分のことを考えるだけで精一杯であるた

め、他の人が言うことや感じることを理解する余裕がない。内気な子は時々、様々な場面で、様々な感情を示す人へどのように返答すればいいか分からなくて苦悩してしまう。

　積極的な観察と傾聴の方法を使うことによって、あなたの子が他の人の視点に立つことを手助けする必要がある。この方法で、子どもは、時折、自分のしていることをやめて、何が起きているのかを理解するために他の人をしっかりと見るよう促される。リングが頭を下げて校庭の周りを歩いていたことを思い出してほしい。このことは、彼女が他の人がしていること、思っていること、あるいは感じていることを考えることがほとんどなかったことを意味している。このような場面で著者たちは、リングに時々歩くことをやめて、校庭にいる他の子どもを注意深く見て、そして彼らがしていることに注目するように促すかもしれない。リングは、他の人が一緒にゲームをしていたり、追い駆けっこをしていたり、あるいは言い争ってさえいることに気づくかもしれない。

　子どもが普段の場面で他の人の観察がよりうまくなると、彼らは見たことをさらに解説し始めることがある。あなた（親）は過度に内気なあなたの子に、校庭にいる子どもの名前を一覧表にして、その子どもと先生のしていることを書き出したり、あるいは校庭で起こったことについて、夕食の時にあなたに話をするように促すこともできるだろう。あなたは内気なあなたの子に、他の人への積極的な観察者になってほしいと思っている。そのことは内気なあなたの子を他の人の方へ引き寄せ、疎外あるいは孤独を感じることを減らす手助けとなるだろう。

　あなたの子が他の人への積極的な観察者になろうとする時に、その観察場面で他人が何を思いどう感じていたか、またそれにどう対処すべきかを、あなたに言うようにあなたの子に求めるべきである。2人の子どもが追いかけっこをしている時、彼らは何を考えているのか。2人の子どもが言い争っている時、彼らはどんな気持ちなのか。人々の周りで起こることに毎日注目すること、そしてあなたの子が見たことと、他の人が考えたり行なったりすることを言うようにあなたの子に求めることで、あなたは第3章から示唆を得ることができる。

この過程の背景にある目標は、子どもがもっと他の人を意識して、他の人が考えることは決して恐ろしいものではないと分からせることである。他の子どももたいてい同じような種類の考えや気持ちをもっている。つまり、他の人は違っているのではなく、まさに自分と同じ子どもだということを実感することができる。過度に内気な人が犯しがちな過ちは、彼らの個人的な心配や欠点が彼らの特有さに基づいていると信じていることである。彼らは他の人も同じ心配や欠点を共有していることをはっきり実感しなければならない。そうすることで、あなたは、内気なあなたの子には他の人の感情を見極めるさらなる練習が必要であることに気づくだろう。著者は、次にこの話題に目を向けることにする。

感情を見極めること

　ソーシャルスキル・トレーニングのもう一つの重要な部分は、わが子があなたと他の人の感情を見極めることである。多くの過度に内気な子は、なぜ人が自分たちにあのような困難な所作を求めるのか理解するのに苦労している。そして、その結果として引きこもるのかもしれない。中には本当はそうではないのに、敵意あるいは脅威として他の子どもの行為を誤って解釈する子も出てくる。ある内気な子は、混み合った廊下で誰かに誤ってぶつかられ、そしてその人は自分のことを怒っているに違いないと思い込むのかもしれない。そして、内気な子は、ぶつかった子どもやその廊下自体を回避するようになるかもしれない。別の内気な子は、以前に何度か遊びの誘いを断ったため、相手も気を遣って誘っていないのかもしれないのに、誰も自分を遊びに誘ってくれないのは、誰も自分のことを好きではないからだと信じ込むかもしれない。

　著者は過度に内気なあなたの子、特により年少の子どもに、喜び、悲しみ、恐れ／不安、怒りの感情の間の違いを教えることを勧めたい。これを行なう有効な方法は、子どもに雑誌の人の写真を見せて、どの感情が表れているのかを見分けるように求めることである。内気な子はこのような雑誌の顔写真を見て感情を見分けるのが難しいこともある。どの感情が表れているのかを正確に指摘するのを手助けするために、微笑み、しかめっ面、顔の緊張、アイコンタク

ト、体の姿勢、そして一般的な文脈（2人が言い争っている）のような写真の表情に注目させる必要がある。嫉妬、癇癪（かんしゃく）、倦怠（けんたい）のような非常に特別な種類の感情を話し合うのではなく、喜び、悲しみ、恐れ／不安、怒りのような基本的な感情について話をするようにする。

　あなたの子が写真を見て感情を見分けられるようになってきたら、実生活の場面でも試してみるとよい。あなたの子が、学校生活や他の場面で、（もしあったとして）どのような感情が存在したのか見極めるために、様々な他の人との関わりを調べてみる。ある人から別の人へ、ある場面から別の場面へ、どのように感情が変化したのか、あなたの子に書き留めさせるのである。もしあなたの子が、ある感情が正しいかどうかについて説明ができるのなら、あなたの子に尋ねるとよい。誰かが友だちのジョーのリュックサックに穴をあけたので、彼は怒ったのだろう（きっと答えは、「はい」）。あるいは、ジェシカが彼女のお母さんが病気だと言った時うれしかった（きっと答えは「いいえ」）。

　あなたの子が自分自身の感情も同様に上手に理解できるように気をつける。あなたの子は、自分の喜び、悲しみ、恐れ／不安、怒りをどのようにして知るのだろうか。筋緊張、耳が熱くなる、心拍、そして感情の違いを理解する手がかりとなる活力レベルのような、内部感覚を頼ることをあなたの子に教えていく。様々な感情状態にある時に、何を考えているのかあなたの子に尋ねてみる。何かで嬉しい時に、どんなことを考えているのか。誰かに腹を立てている時はどうか。怖がっている時はどうか。「ブルー」な時はどうか。こうしたことを、実生活の場面でもどんどん試していく必要がある。あなたの子が明らかに怒っている時、彼がどんな感情を感じているのか尋ねて、正しい答えができたら褒める。もし、彼が間違った答えを言ったり、分からなかったならば、答えを正すようなフィードバックを与えればよい。

　この方法の長期目標は、子どもが感情と他の人との視点をもっとよく理解することを手助けすることである。過度に内気な子は、ただみんながいつも自分と遊ばないからと言って、自分のことを怒っているわけではないと実感できるようになるかもしれない。子どもが感情を見分けることが上達してきたら、自分の振る舞いが他の人にどのような影響を与えるかにも気づけるようになって

くる。過度に内気な子の多くは、他の人が彼を遊びに誘う時、頭を下げてアイコンタクトを避けている。ある内気な子は、他の人は彼女の行動について腹を立てていると理解するかもしれない。これを変えるために、彼女は微笑んだり、あるいは他の人との関係を促すために他の喜びの身振りを示すことができるだろう。モデリング、練習、そしてフィードバックを、対人場面で他の人がどのように考え、感じているかを理解することと組み合わせていく。

ソーシャルスキルと自分でできる練習

　第4章で著者は、過度に内気な子のための、自分でできる練習の様々な種類を述べた。あなたの子がこれらの練習に取り組む時に、彼は様々なソーシャルスキルを披露し、そして他の人の視点に立ち、そして感情を見極めなければならない。一例を述べよう。

　　　　ジャスティンは14歳の少年。仲間やクラスメイトとの関係を増やすために保護者と力を合わせている。彼は数年間、過度に内気であり、学校あるいは教会で他の人とめったに話さない。最近、何ヵ月かの間に、ジャスティンの保護者は自分たちの息子を活動、とりわけ教会での10代の（子どもの）集団にもっと参加させようと試みた。彼らは、ジャスティンと一緒に他の人に自己紹介をすること、電話をかけることを含めた様々な場面の練習を行なった。もっと困難を感じる練習がまさに来ようとしている。しかも（それは）教会グループと一緒にグループ静修会の活動も続けること、学校の授業で他の人の前で発表することを含んでいる。ジャスティンは、普段は他の人にはっきりと話をすることに問題を抱えている。しかしながら、それゆえに彼の保護者はこのような行動についても同様に、息子を手助けしたいと思っている。

　ジャスティンは他の人に自己紹介することや、電話を掛けることのような、いくつかの賞賛に値することをしている。これらは、多くの10代の子どもには行なうのが難しいことである。とりわけ過度に内気な10代の子どもにとっては簡単ではない。しかしながら、はっきりと話していないという不十分なソーシャルスキルを考慮すると、ジャスティンの練習は、おそらく難しいもので

あると思われる。賢明なことは、ジャスティンにソーシャルスキル・トレーニングと、自分でできる練習を組み合わせてやらせることだろう。どのように進めたらよいだろうか。

　ジャスティンがある一定の練習（第4章）に従事する前に、保護者と関係者は、事前にジャスティンがその場面に備えて練習するのを手助けするべきである。これがロールプレイである。ロールプレイは、10代の子どもにフィードバックを与えて、適切な賞賛と指導をするために、彼が信頼している人々の間で演じられた一場面の出来事である。ある10代の子どもは、保護者と一緒に誰かに電話をかけることをロールプレイできるだろう。ロールプレイと練習で重要なことは、気持ちの中に明確な目標をもつことである。ジャスティンは何が起こっているのかを理解する必要があるので、ただ盲目的に誰かに電話をかけるようなことでは困る。電話をかけることの目的が明確化していなければならない。たぶん、宿題の課題について尋ねること、病気の具合を尋ねること、あるいはクラスメイトの欠席を確かめること、あるいはこの週末に誰かを映画に誘うことのような日常的なことが電話をかける際の要件となるであろう。

　ひとたびこの目標が達成されたら、ロールプレイの予定表を準備する。この予定表は最初は短い時間（2分）から、徐々に長く（5～10分）することができる。次のステップは、ロールプレイの形であなたの子と一緒に練習することになる。あなたが電話を受ける人の役を演じてやれば、あなたの子は電話をかける側を演じることができるだろう。ロールプレイはできるだけ現実的にやるべきである。だからあなたの子には家の別の場所からあなたに電話を掛けさせる必要がある。最初のロールプレイの間中、あなたの子のソーシャルスキルについてあなたの子に即時のフィードバックを与える。たとえば、電話で十分な声量で、理解されるのに十分な発音だろうか。次に実際のやりとり例を示す。

　　（電話が鳴る）
　　あなた（親）：もしもし
　　子ども：もしもし…。ぼ…ぼく…ジャスティン
　　あなた：こんにちは、ジャスティン。ごきげんいかが。

子ども：（長い間がある）あー…えーと…い、いい…、たぶん。
あなた：（いくらかのフィードバックのためにロールプレイから少し離れる）じゃあ、ジャスティン。聞こえないからもう少し大きな声で話してみようか。よろしくね。
子ども：分かった（今度はもう少し大きな声で）もしもし、ジャスティンです。
あなた：こんにちは、ジャスティン。ごきげんいかが。
子ども：いいよ…。たぶん…。（再び長い間がある）
あなた：電話してくれてありがとう。何か用事があるのかな。
子ども：あー…、そう…、うーん…なんとなく…宿題のことで、電話したんだ…。
あなた：（いくらかのフィードバックのためにロールプレイから少し離れる）いいね、ジャスティン。いい感じだよ。何で電話したのか、もう一回ちょっと詳しく言ってみようか。
子ども：分かった。きみが今日の算数の授業で出された宿題の課題を知っているかなと思って電話したんだ。授業が終わる前に、先生が少しの間、黒板に貼ったんだけど、全部書ききれなかったんだ。
あなた：よくできたね。素晴らしいよ。（ロールプレイに戻る）分かった。ちょっと待っててね。見てみるから。（えーと…）77ページの問題1から9と12から19だよ。
子ども：すごい。助かったよ。ありがとう。
あなた：どういたしまして。電話くれてありがとう。
子ども：さようなら。
あなた：さようなら。

このロールプレイの後で、あなたの子がみせた肯定的な対人行動、とりわけ頑張りとフィードバックに応えたことをあなたの子と話し合う必要がある。大きな声で話すこと、よりはっきり話すこと、そして会話での長い沈黙を回避したことなどを取り組めた部分にも、注目させるとよい。宿題の課題の確認に対して「ありがとう」と言うことのような、望ましいマナーを練習することもま

た良い考えだ。あなたの子がうまくできるようになるまで、このロールプレイを即時のフィードバックとともに、あと数回は練習することが求められる。次のステップは、即時のフィードバックなしでロールプレイを練習することだ。これらの後者のロールプレイ中のフィードバックは、話し合いあるいは別の課題が済んでからにするとよいだろう。

　ひとたび、あなたの子がかなりの回数、良好なソーシャルスキルで課題を完遂したなら、次に、彼は1人でその場面に挑戦することができる。実際の場面はロールプレイとは異なるだろうということを、あなたの子に気づかせなければならない。電話の向こう側にいる子どもは、明らかにロールプレイ中にあなたが言ったことと同じことを言わないだろう。あなたは、あなたの子が電話で話している間、あなたの子を見守ったり、あるいは側で聞くことを喜んで受け入れ、そして必ず後でフィードバックをあなたの子にするべきである。これらのことをすることは、過度に内気な子にとって大変難しいことなので、彼の頑張りを褒めてあげなければならない。

　別の種類の場面もまた、ソーシャルスキルの練習に含めることができる（具体的なソーシャルスキルに関する提案については表5.1を参照すること）。ジャスティンは、他の人に自己紹介することを期待されている。これは実際の生活場面でそうする前に、彼と保護者あるいは他の人で練習できることに違いない。ジャスティンは、教会でのグループ静修会への出席、学校での口頭発表のような、さらにもっと困難を感じる場面に従事しているので、彼は様々なソーシャルスキルを練習する必要があるだろう。これらの場面に対処するために最初に安全な場面で練習することができる。ジャスティンは家族の前で発表したり、あるいは彼の教会での静修会のグループの仲間との会話を維持することができるだろう。

　このようにあなたの子は、日々ソーシャルスキルを練習しなければならない。これは、実際の仲間や友だちと一緒に行なうのが一番良いが、平穏な1日の家族活動の一部にすることもできる。一度あなたの子がいくらかのロールプレイに取り組むことができたからといって、それであなたの子がうまくやっていけると思ってはいけない。その代わりに、ソーシャルスキル・トレーニング

表5.1　児童と青年にとって重要なソーシャルスキルに関する提案

- 他の人から遊び、あるいは他の人との関わりへの誘いを受ける時
  →アイコンタクトと微笑みを維持する、何をやっているのかをたずねる、「ありがとう」と言って遊び始める

- 他者から賞賛されたり、ほめられたりした時
  →アイコンタクトと微笑みを維持する、「ありがとう」と言う、できたらお返しにもう一方の人に褒め言葉を言う

- 玄関や電話口で応対する時
  →はっきりと「はい」あるいは「何か御用ですか」と言う、ちょうどよい距離を保つ、伝言を受ける

- 他者に手助けや情報提供を求める時
  →必要とされる情報が何かを正確に知る、適切に尋ねる（「すみませんが」）、助けてほしいことを明確にする

- 「いやだ」と言うこと、あるいは頼まれごとに応じる時
  →アイコンタクトをする、「いやだ」と短く言う、自分の意見をはっきりとちょうどよい声の大きさで述べる

- 誰かに電話をかけること、あるいは誰かを楽しみな活動に誘う時
  →わかりやすくはっきり発音して話す、その話題が何なのか事前に知る、マナーを守る

- 衝動性に駆られたり、怒りの感情を感じたりした時
  →静かに10を数える、体を弛緩させる、適切に場面を終了させる、誰かに話す

- ゲームや計画で他の人と協力して何かを行なおうとする時
  →マナーを守る、交代する、少し会話をする、遊んでくれたことに感謝する

- 悲しみや不安を感じた時
  →体を弛緩させる、違うことを考える、この気持ちは一時的なものだと理解する、誰かに話す

- いじめのような、困惑させることや緊張を引き起こす場面に出くわした時
  →挑発を無視する、立ち去る、安全な場所に行く、いじめが深刻なら誰かに話す

- 遊びやテレビの前に宿題を終わらせることのような、楽しみの遅延に耐える時
  →宿題をする時間表を作る、最初に努力することが将来の報酬になることに焦点を当てる、待ったことに対して自分を褒める

- 人前でもきちんと食事をする時
  →食べ物をゆっくり噛む、口の中の食べ物がなくなってから話す、体を弛緩させる、他の人の話を聞く

- 好意を示す時
  →好意を示すのにふさわしい場面を知る、どのような類(たぐい)の好意が喜ばれるのか、そして誰に示すのかを知る、好意を些細な範囲で保つ、好意に褒め言葉を混ぜる

- 他の人にきちんと挨拶をする時
  →「こんにちは」と言って微笑む、頭を上げておく、はっきりとちょうどよい声の大きさで話す

- 喜び、悲しみ、恐れ／不安、そして怒りのような、自分自身や他の人の感情を見極める時
  →体の姿勢と顔の表情を見る、人が話していることを聞く、その場面の文脈を学ぶ（関わっている人の周りで何が起きているのか）

- 他の人と会話を始めたり、それを続ける時
  →何の話題に焦点が当てられているのかを考える、アイコンタクトをする、はっきりと話す、質問する

- 自分自身や他の人を紹介する時
  →適切な挨拶を用いる、ふさわしい時を選ぶ、全文を使って話す、続いて質問する

- 仲間と活動に参加する時
  →自己紹介をする、（他の人に）彼らがもう一人の人を参加させたいのかどうか尋ねる、はっきりと自信をもって話す

- 頭を上げて他の人と話をする時
  →人とのアイコンタクトを維持する、微笑む、会話を維持する、質問をする

- 他の人の話をきちんと聞く時
  →時折うなずく、アイコンタクトを保つ、微笑む、遮らない

- 会話の間、他の人とアイコンタクトを維持する時
  →頭を上げておく、話している人の顔の表情を見る、微笑む

- 体の衛生状態を保ち、身だしなみを整える時
  →きちんと歯磨きをする、上手に服を着る、デオドラントを使う、髪をとかす、服を整える

- 食堂で食事を注文する時
  →頭を上げておく、アイコンタクトを保つ、はっきりとちょうどよい声の大きさで話す、注文をとる人の話を注意深く聞く

- 人前で体育の実技をする時
  →活動に参加し続ける、最善を尽くすように心がける、他の人と話す、楽しむ

- 他者を遮ることや他の人に不適切に触れるのをやめる時
  →アイコンタクトを維持する、他の人が話をやめるまで待つ、話している人から適切な距離（約60〜90センチメートル）を保つ

- 大声で叫ぶこと、侮辱、いやみ、あるいは叩くことのような無作法な行動をやめる時
  →自分の行動を念入りに観察する、マナーを守る、注意深く聞く、怒りをコントロールする

- 不適切なことをする集団の圧力に抵抗する時
  →誰かが不適切なことをあなたにするように求めているのかどうか考える、はっきり「いやだ」と言う、いやだと言った理由を述べる、その場面から立ち去る、誘惑する場面を回避する

- 他の人との葛藤にうまく対処する時
  →暴力を使わずに問題の解決を交渉する、他の人の意見を注意深く聞く、問題の全ての側面について考える、全員が納得する解決法を考える

- 適切に気持ちを共有する時
  →怒っていない時の気持ちを話し合う、マナーを守る、はっきりと発音して話し他の人の返答を注意深く聞く

- はっきりとした発音で話す時
  →ゆっくりと各音節をはっきり発音して話す、アイコンタクトを保つ、他の人の反応を見る、ちょうどよい声の大きさで話す

- はっきりとした十分な声量で話す時
  →ゆっくり話す、声が大きいかどうか自分で確かめるために聞く、アイコンタクトを保つ、他の人の反応を見る

- 人前で話すこと、あるいは読む時
  →ゆっくりとはっきり発音して話す、ちょうどよい声の大きさで話す、体を弛緩させる、あらかじめ練習する、十分に準備をする

- 他の人の視点に立つ時
  →積極的に観察し他の人の話を聞く、特定の場面で他の人が考えたり感じているであろうことは何かについて考える、他の人に彼らが考えたり感じていることを聞く

- ゲームをしている時、交代でそれをやる時
  →辛抱強く待つ、微笑む、遊んでくれたり、交代してくれた人に感謝する、勝っても負けても礼儀正しくする

- 公共のマナーを守る時
  →アイコンタクトを保つ、完全な文章の中に適切に「どうぞ」「ありがとう」「すみませんが」を使う、他の人の反応を見る

- 人前で書く時
  →体と指を弛緩させる、ゆっくり注意して書く、書いている手に集中する

と対人場面や人前で何かする場面における練習は、生涯続く過程であるという態度をとる必要がある。あなたの子は短期間に練習でもっとうまくなるだろう。しかし長期の練習が、本当に不安を克服しソーシャルスキルを身に付けるために必要とされる。表5.1のスキルを見極めた上で、学校関係者のような、あなたの子の生活ぶりを監督し得る大人と一緒にしっかりとやり続けなければならない。

ソーシャルスキル・トレーニングにおける学校関係者との協働

　内気な子は一般的に、学校生活に関連した対人場面と人前で何か（腕前を披露）する場面で最もつまずく傾向にある（第4章で説明）。これらの場面は、最も気の重さを感じさせ、彼らの最も強い回避を導く。そのため内気な子は非常

に多くの配慮を受けなければならないことになる。ソーシャルスキル・トレーニングに関心を寄せる学校関係者との協働はこの理由から、そして彼らがあなたの子と1日のうちの数時間一緒にいるという理由から重要である。学校関係者はあなたの子のソーシャルスキルの練習を手助けし、フィードバックを与えることができる独特の位置にいる。学校生活を送る間、あなたの子が重要なソーシャルスキルを練習することができるようなプランを立てるために、あなたの子の進路相談担当者のような鍵となる学校関係者と会談を行なうとよい。対人行動と人前で何か（腕前を披露）する行動を監督する機会を得やすい人、とりわけ体育、英語、合唱団、吹奏楽の教師を巻き込むことが重要である。

あなたの子にもっと活動に参加させることと、ソーシャルスキルと社会交渉を実践する場合は、あなたがもつ計画を学校関係者と共有する必要がある。学校関係者はおそらく、彼らができることとできないことをあなたに伝えるだろう。その際、自分の意見をはっきり述べる以外は辛抱強くなることが求められる。学区の中には学習に支障がある臨床像を示す子どものために特別な調整を勧告する公法504条項により、プランの策定をあなたに許可するところもある。よって、そのような法律の適用があるかについても尋ねる必要がある。何よりも大切なのは、あなたの子がより社交的になり、他の人の前でうまく発表するという手助けを、学校関係者が実行することができるような特別な機会を設けることである。あなたがあなたの子に受けてほしいフィードバックはどのような種類のものかについての希望を学校関係者と共有し、手助けを得たい旨を申し出なければならない。

あなたの子が学校生活に基づいた場面でソーシャルスキルを練習する際は、学校関係者とともに、あなたの子の進捗度を追跡的に確認する必要がある。毎日のメール、話し合い、あるいは記録カードがこのような確認に役に立つ（第2章で説明）。あなたが、学校関係者からフィードバックを受けた時は、あなたの子にその情報を伝えて、良くできたところともっと努力が必要なところについて話すべきである。学校関係者に、あなたの子が直面している、そして他の人との関わりと人前で何か（腕前を披露）することからあなたの子を遠ざけている障害物、あるいは脅威に感じることについて包み隠さず話す必要がある。あ

なたの子が人前で何かしたり、発表したりすることが上達する過程で最も手助けをしてくれる学校関係者に必ず感謝の気持ちを示しておかなければならない。

すべきことと、すべきでないこと

あなたがやっていいことと、やってはいけないことのいくつかを示す。

すべきこと
- あなたの子が最も困難としているソーシャルスキルを見極めること
- あなたの子のための良い対人行動のモデルを見つけること
- 子どもにソーシャルスキルの練習をモデルと一緒にさせること
- あなたの子の頑張りとソーシャルスキルの進歩について、フィードバックを与えること
- あなたの子に公の場面でのソーシャルスキルの促進をはかり、自分でできる練習をさせること
- あなたの子が他の人の視点に立つことを助けること
- あなたの子が自分自身と他の人の感情を正確に区別するのを手助けすること
- あなたの子のソーシャルスキルを発達させるために、学校関係者と一緒にしっかり協働すること

すべきでないこと
- あなたの子をすべての対人場面から守ること
- 適切なソーシャルスキルを有していないのに、他の人との関わりの練習を子どもに求めること
- 仲間のモデルあるいは教師のような他の人を、手助けを行なうための介助役として参加させるのを避けること

> **次章では**
>
> 　ソーシャルスキルは他の人との関わりの重要な一部分である。内気な子はしばしば、良好なソーシャルスキルを練習する機会が少ない。それゆえに、内気な子がより社交的になり、人前で上手に何か（腕前を披露）できるように手助けする試みには、これらのスキルについて多くの練習とフィードバックを含めていく必要がある。あなたの子は、他の人への話しかけ方についてあなたの指示に頼るだろう。だから、あなたの子に重要なソーシャルスキルを教える際は、辛抱強く、そして粘り強くなる必要がある。あなたの子がもっと他の人と関わるようになるのをあなたが見た時、そしてあなたの子が他の人に関わった時に起きる肯定的な出来事をあなたが見た時に、辛抱強さや粘り強さは実を結ぶだろう。あなたとあなたの子が、対人場面や人前で何か（腕前を披露）する場面で見舞われるストレスを和らげることができるその他の検討事項がある。第6章ではそのことについて説明しよう。

第6章 リラクセーションと現実検討力＊の支援

　ライアンは、8歳の男の子。とても内気で、教室では物静かである。彼は、滅多に友だちに話し掛けることはなく、話すよう求められるとそれだけで気が重くなってしまう。授業中はキリキリと胃が痛み、（めまいで）ヨロヨロしてしまうと訴えている。担任教師は、「授業中に読みや班活動を求めると、どうも『完璧に仕上げよう』とする傾向がライアンにはある」と述べている。担任教師は、「ライアンには『せっかち』なところがあり、あまりに融通が利かない」とも説明している。担任教師は、ライアンに気持ちを落ち着けるよう助言したり、リラックスできるように椅子に腰掛けて机にうつ伏せになってよいと言ったりしている。今年に入ってから3度ほど、ライアンは気分が悪いと訴えて、保健室（養護教諭のもと）を訪ねている。もっとも両親が言うには、家ではそのような体調不良を認めないとのことである。

　アマンダは、15歳の少女。今年高等学校に進学したばかりだが、生活全般にわたって困惑している様子が窺われる。アマンダはもともと内気だったが、高等学校に進学してから孤立の度が増したように思える。アマンダの両親と進路担当カウンセラーは、アマンダに2つの課外活動と1つの集団スポーツに加わるよう勧め、本人もこれらの課外活動に喜んで参加しているように見えた。しかしながらアマンダが言うには、こういう場でさえ極度に緊張してしまう。実のところ、少し離れたところからみんなの様子を見て、人目を気にせず過ごしたいということである。

［訳者註］
＊**現実検討力**：自分の心の中の考えや内的な思考がどれだけ現実世界の事実と一致しているかを照合する能力。客観的に自分の考えを捉えて、その分析ができる能力と言い換えることもできる。この「現実検討力」が弱いと、歪んだ認知・思考にとらわれやすくなる。

> 本章で解説すること
> ・対人場面で、あなたの子が今よりも居心地よく過ごせるように、効果的な呼吸法を練習すること
> ・対人場面で、あなたの子が今よりも居心地よく過ごせるように、筋弛緩法を練習すること
> ・対人場面で、あなたの子が今よりも居心地よく過ごせるように、回避行動を導く心配事をうまく管理すること

　ライアンやアマンダのような子は、対人場面や表現場面で、しばしば神経性の身体症状を顕在化させる。これらの症状は、第1章と第2章で検討されたが、頭痛・胃痛・息苦しさ・過呼吸・赤面・振戦（手足のふるえ）・心拍数の上昇・筋緊張・情動発汗（不安・緊張などと関連する発汗）などを含む。あなたの子がこれらの身体症状や他の体調不良を示す時、考え得る医学的問題の可能性を排除するために、医師による総合診察を求めることを勧めたい。多くの過度に内気な子は、見知らぬ人と関わりをもたなければならない場面に限って神経性の身体症状を示す。このことは、身体症状が神経質から生じており、医学的な問題によるものではないことを表している。しかし、大事を取るに越したことはない。医学的なチェックを受けておけば間違いないのである。
　もし過度に内気なあなたの子の苦悩が深く、身体症状を示すが医学的異状を認めない時、本章で説明するいくつかの方法が、子どもをリラックスさせる上で有用であるかもしれない。本章で紹介する方法には、あなたの子が対人場面で経験する苦悩のために生じる身体症状を和らげるための2つの練習が含まれる。ここで紹介する方法は、第4章で説明した自分でできる練習方法と一緒に行なうと、とても効果的である。たとえば、あなたの子がクラスメイトと会話を始めようとする際、他者と関わっている最中に緊張に伴う身体症状を和らげたり、リラックスを感じたりするための方法として、この2つの練習が役に立つということが分かるであろう。
　神経質に由来する身体症状は、時折心配事を導き、それがもとで対人場面や

表現場面の回避につながる（第2章で説明）。著者は、本章の後半部分であなたの子が抱く心配事を管理する（うまく取り扱う）のをいかに助けられるかを検討する。あなたの子の身体症状の緩和を助けることで心配事を取り除き、他者と関わる際にもっとリラックスして、自己信頼感*を高められるようにする。たとえば、アマンダの場合であれば、過緊張を経験せず、身体的に居心地の悪さを感じずに済むと分かれば、複数の人が集まる場に接近しやすくなり、その輪の中に「うまく溶け込む」ことができるということが分かるであろう。

　子どもが苦悩のために感じる身体感覚をコントロールするのに役立つ様々な方法が活用できる。しかし、著者がここで注目したい方法は、とても手軽で、どこでも実践でき、手間暇がからない方法である。換言すれば、これらの方法は、多くの子どもが手軽に練習でき、どこでも実践でき、しようと思えばわずかの時間で練習できるものである。特に2つの方法、すなわち呼吸を調整する方法と、漸進的に筋弛緩する方法が推奨できる。これらの方法は、これ以降の各項で別々に検討されるものの、それらは何れも苦悩に伴う身体緊張を取り除く上で有効である。

呼吸法

　内気な子の気の重さに伴う体調不良の緩和を助ける端的な方法は、正確な呼吸法を教えることである。多くの子どもは「上がる」と、呼吸が早くなり、また浅くなって、過呼吸気味になる。実際にそんなふうにすると、不安は一層募るので、子どもの呼吸を元に戻してやることが重要になる。まずはあなたの子に楽な姿勢で腰掛けるように言う。そして、鼻からゆっくり息を吸うように言う（口は閉じたまま）。それから、ゆっくりと口から息を吐くように言う。子どもが「鼻から息を吸う」ことと、「口から息を吐く」ことをうまくできれば、今度は横隔膜（ちょうど腹と胸・胸郭の真下の部位）を上げ下げするように、より深く呼吸をするように言う。この深呼吸をした際に、空気でお腹が一杯に膨ら

[訳者註]
＊自己信頼感：やればできる、きっと何とかなる、未来は切り拓かれると自分自身について感じ取る能力。「自己評価」や「自己効力感」とも関連しており、対人場面や社会的相互作用において問題解決する際に重要となる。

んでいるという感覚をつかめるように2本の指を押し当てる必要があるかもしれない。そして、ゆっくり口から息を吐くのである。家の中では、子どもに付き合って、あなたも、一緒に練習を行なうようにしてもよい。

　ライアンのような年少児の場合、呼吸法を練習する場合にイメージを喚起することもできる。たとえばライアンに、タイヤが膨らんでいく様子をイメージさせ、だんだんとそれが大きくなる様子をマネさせて、漂う気球のように振る舞ってもらうのである。ライアンが息を吸い込む時には、燃料やエネルギー源が満たされていく様子をイメージさせればよい。一方、息を吐き出す時には、燃料やエネルギー源を使い果たして（あるいは張り詰めていた緊張の糸が解きほぐれて）しまった様子をイメージさせればよいだろう。そのようにすれば、あなたの子が年少であっても、肺が空気で満たされた後に、それを一気に吐き出した時に、リラックス（身体的な解放感）を体験できる。一たんリラックスを体験すると、緊張状態とは異なる感覚がどういうものかを理解できるようになる。以下に示す「呼吸法」を進める手順が効果的かも知れない（Kearney & Albano, 2007 からの引用）。

　　　自分が「熱気球」になった様子を想像してごらん。空気を吸い込むと、だんだんとその空気で気球が一杯になる。そうすると、君はどこへでも好きなところへ飛んでいける。こんなふうに（手本を示しながら）鼻から息を吸い込んでごらん。ゆっくりと深く吸い込むんだよ。気球を空気で一杯にするようにするんだ。そうしたら、今度は気球からだんだん空気が抜けていくように、口からゆっくりと少しずつ空気を吐き出してみよう。心の中でゆっくりと数を数えてごらん。1、2、3、4、5……。もう一度最初からやってみるよ（この一連の練習を3回くらいは繰り返す）。

あなたの子が強い緊張を感じるとき、特に先に作成した「階層」（第4章）に示す場面と遭遇した際に、この呼吸法を実践できるとよい。「呼吸法」はなかなかうまい方法である。というのは、衆目に晒されることなく子どもが実践できるからである。この呼吸法を、1回に数分間、1日に3回以上練習させると

よい。さらに、学校に登校する前の、朝の支度の時間帯や学校で強いストレスを感じる場面で実践するように言う。中には、人前で何かする時や誰かに話し掛けなければならない時に、この方法を練習することでうまくいく子どもがいる。たとえば、ライアンの場合であれば、授業で教科書を読む前にこの「呼吸法」を練習することが考えられる。一方、アマンダの場合には、彼女が参加している集団スポーツチームの会合に参加する前に、この「呼吸法」を正しく行なうことが考えられる。いま目の前にいる子どもの場合、このような「呼吸法」の実践が最適なのはどのような対人関係場面であろうか。

筋弛緩

気の重さからくるイヤな身体感覚を取り除くには、「呼吸法」の他に漸進的筋弛緩がある。ライアンやアマンダのように幼い子の場合は、身体の様々な部位が緊張ですっかり固くなってしまう。特に、肩や顔、おなかに不快感が現れる。筋弛緩は、様々な方法で行なうことができるが、よく行なわれる手法は緊張弛緩法である。この方法の中で子どもは、身体を緊張させ、それを保持し、それから特定の筋群を解放する。たとえば、子どもは最初拳を丸める。次にできるだけ強く拳を握りしめ、10秒間それを保持する。それからパッと掌を開く（試してほしい）。連続して2〜3回行なうと、人はたいていリラックスとともに暖かさを感じると報告する。この手法のねらいは、心配事をよりリラックスした感情に置き換えて、あなたの子が対人場面や表現場面であっても落ち着いた気分を感じられるようにすることにある。

　緊張弛緩法による筋弛緩は様々な形で行なわれる。著者が子どもと筋弛緩に取り組む場合は、リラクセーションの台本（relaxation script）を用いて、より広範囲の筋弛緩を試みる。著者の場合は最初、子どもに楽な姿勢で椅子に腰掛けてもらい、目を閉じてもらう。それからリラクセーションの台本をゆっくり読み上げ、子どもに台本どおりに試してもらう。あなた（読者）にもあなたの子と一緒に以下の台本を試みるよう勧めたい（以下の台本は、Ollendick & Cerny, 1981からの抜粋）。

［掌の弛緩］
　（ゆっくりと低い声で言う）　では、椅子に腰掛け、リラックスしてみよう。目を閉じて。身体はだらんとして、力を抜くんだ。ぬれたタオルみたいに。右手をギュッと握ってみよう。できるだけ硬くね。ギュッと強く（5〜10秒保持）。パッと開いて。なかなかうまいぞ。もう一度最初からやってみよう。右手をできるだけ硬く握るぞ。そのまま（5〜10秒保持）。パッと開いて。どんな感じがするかな。なかなかいい感じで、暖かく、身体も緩んだように感じるだろう。今度は左手だよ。できるだけ硬く握るんだ。ギュッと（5〜10秒保持）。パッと開いて。いいぞ。もう一度やってみよう。左手をできるだけ硬く握りしめてみよう。そのままにして（5〜10秒保持）。パッと開いて。どんな感じがする。そうだろう。いい感じで、暖かく、身体も緩んだだろう。

［肩の弛緩］
　今度は肩だよ。キュッとすくめてごらん。肩を耳のあたりまで押し上げるんだ。肩のところを硬くして。その位置で止めてみて（5〜10秒保持）。パッと力を抜く。スゴイぞ。もう一度やってみよう。肩をキュッとすくめて、耳のあたりまで引き上げるんだ。もっともっと力を入れて。そのまま止めて（5〜10秒保持）。パッと力を抜いて。うまいね。

［表情筋の弛緩］
　今度は顔をくしゃくしゃに縮めるよ。顔を小さく硬くするんだよ。そのまま止めて（5〜10秒保持）。今度は顔を緩めるよ。いいぞ。もう一度やってみよう。顔をできるだけくしゃくしゃに縮めて。小さく硬くするんだよ。そのまま止めて（5〜10秒保持）。今度は顔を緩めて。うん、上手だよ。

［歯・口・噛み合わせの弛緩］
　今度は上の歯と下の歯で強く噛みしめるよ。顎のところをギュッと硬くして。そのまま止めて（5〜10秒保持）。では、顎のところが開くように緩めるよ。どんな感じがする。いいだろう。もう一度やってみるよ。ギュッと歯を食いしばって。顎のところを硬くするんだよ。そのまま止めて（5〜10秒保持）。顎のところが開くように緩めるよ。できるだけ緩めるんだ。

本当にうまいね。
［胃・内臓平滑筋の弛緩］
　今度はおなかだよ。おなかをできるだけ手前に持ってくるようにするよ。できるだけ硬くするんだよ。背中と反対に動かすようにするんだ。そのままにして（5〜10秒保持）。パッと緩めて。いい感じがするかい。もう一度やってみるよ。できるだけおなかを前のほうに持ってくるようにする。そして、ギュッと硬くするんだ。背中と反対に押すようにして。そのまま止める（5〜10秒保持）。パッと緩めて。なかなかうまいぞ。
［膝部位の弛緩］
　よし、もう一つやってみよう。両足を床に強く押しつけて。膝のところがしっかり硬くなるようにだよ。硬く押すんだよ。そのままにして（5〜10秒保持）。今度は膝の所を緩めるよ。小さく揺らしてみよう。もう一度いこう。床を強く踏みしめてみよう。膝に力が入るように。強く押しつけるよ。そのまま止めて（5〜10秒保持）。今度は緩めよう。少しブラブラ足を揺らろう。上手にできたね。
［全身の弛緩］
　今度は全身をやってみよう。まず全身をだらんとして。ぬれたタオルみたいにするんだ。全身の力を抜いてリラックスすると、気持ちがいいだろう。とてもうまくリラックスができたね。もう、目を開けていいよ。

　このようなリラクセーションの台本を、1日に2回は行なうようにあなたの子に求める。きっと、登校前の朝の時間帯と就寝前の夜の時間帯がいいだろう。親であるあなたの役割は、子どもがこのようなリラクセーションを続けられるよう励ますことで、必要かつ効果的だと思えば、呼吸法や筋弛緩をしやすくするための市販のテープ教材を利用するのもよい。きっとあなたは、呼吸法や筋弛緩を1度に教えようとするかもしれない。大事なことは、一方でも両方でもよいから、子どもが正しい方法でリラクセーションを実践できることである。子どもの中には、どちらか一方を他方よりも好むということがあるかもしれない。それはそれでよい。けれども、その選んだ一方のリラクセーション法

をできるだけ速やかに習得することが求められる。

　あなたと、子どもの時間は限られているだろう。特に学校に居る間はたいへん忙しい状況にあるに違いない。こういう場合、あなたは子どもが呼吸法を用いたり、部分的な筋弛緩を用いるよう助けるとよい。部分的な筋弛緩を用いる場合、あなたと子どもは特に緊張状態の強い1つか2つの身体部位を選んで、その身体部位についてのみ筋緊張の解放をはかる練習をする。たとえば、ライアンに尋ねたら、肩とおなかが最も緊張が強いと報告するかもしれない。時間節約のために（限られた時間で実行できるよう）この2つの身体部位に絞ってライアンには筋弛緩の努力を傾注させる。

　熟達した呼吸法と筋弛緩は、子どもの定めた階層（第4章で説明）にある対人場面や表現場面で実践する際に、適時に用いるために非常に重要である。実際、あなたは、子どもの不安（気の重さを感じる）階層を定めた後に、直ちにこれらの呼吸法と筋弛緩を教えることが求められる。さらに子どもを励まして、学校であなたの子が気の重さを感じるとあなた（親）が思う場面でこれらの呼吸法と筋弛緩を実践させる。あなたはもしかすると、進路指導担当者やカウンセラー、担任教師の助力を求めることになるかもしれない。これらの人材は、学校の中では子どもの側にいて、リラクセーションの試みを助けることができるからである。中には、ストレスフルな状況に見舞われる前に、ごく短時間カウンセラーの詰めている相談室に出向いて、これらのリラクセーションを練習することが大きな助けとなる子どももいる。

心配事の検討

　子どもの引っ込み思案の別の理由は、対人場面や表現場面で生じる心配事である。心配事は、身体症状を伴って始まることもあれば、心配事があるために身体症状が生じて、様々な状況を回避することもある。次の事例を検討されたい。

　　　　ネダは14歳の少女。彼女はもともと内気で物静かだが、中学校ではその傾向がより一層強くなる。学校で彼女は引きこもりがちで、次々に心配事を口にする。男

子に話し掛ける時や、体育で試技をすべき時にあたふたして、真っ赤になってしまう。ネダは学校の食堂で食事がとれない。彼女によれば食堂が雑然として、誰かが彼女の食べ方をあざ笑うのではないかと心配なのだという。彼女は自分のことが信じられないとも言い、いろいろな事態でひっきりなしに自分を責める。ネダの心配事は憂慮すべき筋緊張と腹痛を引き起こし、登校方法について学校と掛け合ってほしいと両親に頼んでいる。

　ネダのように過度に内気な子の場合は、対人場面や表現場面で、しばしば悪いことが起こりそうだと心配な気持ちになる。ネダの場合、あたふたしてしまうことや人から嘲笑されることを心配している。この気持ちは彼女に身体的な苦痛を与え、どうしたらこの心配な状況を避けることができるかということばかり考えさせてしまう。対人場面や表現場面で神経質になるのは、その相手が初対面の人であったり、人前で話さなければならないとなれば、誰にでも普通に生じることである。それでも多くの人の場合は、この心配を"横に置い"て、自分がすべきことに取り組むのである。ところが、ネダのような過度に内気な子の場合には、抱く不安があまりにも強いために、そのことが憂慮すべき苦痛につながり、その結果自分がしなければいけないことができなくなるのである。

　著者が第2章で述べたことは、ネダのような子は、時として他者と関わる（特に当惑や屈辱を感じる）場面でひどいことが起こるという心配を抱きやすいということである。さもなくば、他の人が自分のことをどう評価しているかということについて悪いほうに考えてしまう。このような子どもには次のような傾向がある。

・自分の責任ではない出来事を、（実際はそうでないのに）自分の責任であるかのように悔いてしまう
・たった一つの良くない出来事を、すべての出来事が否定的なものであるかのように考えてしまう
・出来事を良いか、悪いかという2分法で捉えがちで、中間（まあまあ）が

ない
- 人と関わりをもつことは危険あるいは脅威だと考えている
- 世界は、ある特定の方法で操作されていると考えている
- 自分は人から絶えず排除され、無視されていると考えている
- 自分は力不足で、神経質で、有能感に乏しく、人前でうまくやれないと考えている
- 他者から賛辞を与えられるような肯定的な出来事であっても、それを否定的な出来事やとるに足らない出来事と捉えてしまう
- 価値あることがらを、過小評価してしまう
- 対人場面で、肯定的なことよりも否定的なことに注目してしまう
- 現実的でもなければ、事実にも基づかない考えにより、対人場面のことを決めつけてしまう
- 事実に基づかない考えにより、嘲笑のようなひどいことが起こると予期してしまう
- 肯定的な体験は忘れてしまうのに、ある場面の一部の否定的な体験ばかりを思い出す

　ネダはこれらの信念のいくつかを抱いている。彼女の場合、体育の授業や学校の食堂で嘲笑されていると感じ、これらの場面や他の関連する場面を、実際よりも否定的なものと受けとめてしまう。彼女は、対人場面や表現場面における自分自身の能力に確信がもてずにおり、これらの場面の肯定的な面よりも否定的な面にばかり注目してしまう。ネダは、彼女の歪んだ信念を支持するような事実が一切存在していない状況でさえも、対人場面や表現場面で、きっと悪いことが起こるに違いないと考えている。ネダの、この正確ではない"心配な気持ち"が体調不良を招き、新奇な状況を避けたり、そのような状況を嫌がることにつながっている。
　心配事は、児童よりも青年に広く見られる傾向である。というのも、11〜17歳くらいの青年期（前思春期を含む）では、10歳ないしそれ以下の児童期に比べて、概して思考力が高いことが窺われるからである。だから、青年期にはク

ヨクヨ思い悩む傾向が現れる。幼い子どもの場合、「行きたくない」のように、考えていることを口に出すことはできても、行きたくない理由を説明することはできない。以下の節で述べることは、上記のようなことを踏まえた、青年に対する効果的な手法である。もっとも、（親として）あなたの子に利益があると考えるならば、より幼い子どもに以下に紹介する方法を適用することもやぶさかではない。他方、（以下で述べる手法を検討する際に）本書で紹介している練習方法（第3章や第4章で言及）、ソーシャルスキル・トレーニング（第5章）、およびリラクセーション法や呼吸法（本章）についても見ておくことが大切である。

心配事への対処

　ネダのような子や過度に内気な子を、どのようにして手助けすることができるだろうか。本節の主要な目標は、これらの子が対人場面や表現場面で、より肯定的に考えられるように助けることである、ということを忘れてはならない。著者は「もっと気楽に考えてみなさい」のように言ってみても始まらないと考えている。内気な子に「楽しいことを考えてみなさい」「心配は要らないよ」「そのこと（心配事）を考えるのはもうやめなさい」と言ったり、「お前は『すばらしい子』なのだよ」のように告げることはまったく意味をなさない。もし、内気な子が、対人場面や表現場面で、何か良くないことが起こりそうだと考えるのは、それはそれでよいのだ。ただ、内気な子は実際に起こっていることについて、より現実的に検討できるようになる必要はあるだろう。

　ネダは、「皆が自分のことをジッと見て体育の授業であざ笑っている」と心配している。私たちは特定の考えがネダの頭を占めているという事実を変えることができない。思いがけず思考や心配が浮かぶのは仕方がない。だから、私たちはネダに「そういう考えをもつのを止めるように」「心配しないように」とは言わない。仮にこれらの考えで頭が一杯になった際に、私たちが助言を試みたばかりにかえって苦悩が増すことになりかねないからだ（「皆、口々に心配するなと言うが、何の気休めにもならない」）。ほんのしばらく青い犬について考えるのを止めてみてはどうかと誰かがあなたに言ったとしたら、何が起こるだろ

う。かえって、青い犬について考えてしまうことになる。過度に内気な子が身動きが取れなくなるくらいの心配事を抱えるのは、それ自体が悪い事ではない。考えに考えて、より現実的な考えに到達できればよい。ネダは体育の時間に皆が自分を見ていて、あざ笑っていると考えている。彼女の心配事は、自分の考えをよくよく見直してみて、実際に生じることを現実的に検討するまで続く。彼女は皆を見渡して、周囲を走っていたり、互いに話をしていたり、もちろん中にはこちらを見ている子がいることを確認することができる。それからネダはようやく現実的な考えをもつことができる。「こちらを見ている子もいるけれど、全員ではない」と。そうやって彼女の授業中の心配は些細なものとなる。

　ネダは自分の中から湧き上がる"心配な気持ち"を無理に抑えないように気をつけるべきである。著者は、10代の子に、"心配な気持ち"を抱くのは構わないと伝えている。そして、身体活動をとおしてそのような気持ちをうまくやり過ごそうと伝えている。10代の子が、たくさんの心配事を抱えていたとしても、あるいは同じ考えが何度も何度も頭の中をめぐるという状況に見舞われていたとしても、著者はこのような子に、次のように説明することにしている。すなわち、そのような考えは危険でもなければ、まして"お化け"や"妖怪"のようなものでもなく、現実感も意味もないと。このような心配な気持ちは危害を及ぼすものではなく、身体反応をとおして解消することができる。このようなイメージや課題は、青年期の人が事実に基づかない"心配な気持ち"の負荷や脅威を減じるのにとても有効である。

　もう一つ、ネダは心配事に反応して、「幸せ」な感覚を発展させられないということも考慮の対象となる。彼女は「すべてのことがワクワクする」とか「何だか楽しみ」「心配は要らない」と考えることができなかった。そのために、現実的に考えることができずにいた。彼女は周囲を見渡して、中にはそういう考えをもつ人もいるが、全員ではないことを知ることができる。私たちは現実的に考え、想像するような恐ろしい出来事は、めったに起こらないと認識すると、苦悩は和らいでくる。

　親として、内気な子と力を合わせて、子どもが現実的に考えられるようにし

ようと決心したら、次の5箇条を心に留めておく必要がある。

- その1　日頃親子間のコミュニケーションを大切にし、良い関係を維持する
- その2　子どもがどんなことが心配で、どんなふうにしていきたいのかを率直に話し合える雰囲気を築く。次節で紹介する方法は、11歳くらいになれば適用可能である。もっとも、より年少でこれらの方法が功を奏する子どももいる
- その3　そこそこの実際に使えるソーシャルスキルを身につけていること（第5章を参照）
- その4　子どもに尽きることがない心配の種を何とかしたいという気持ちがあり、不慣れな状況でもうまく扱う方法を身につけたいと考えさせる
- その5　次節で紹介する方法は、他者から実際の脅威に晒されている時には意味をなさないと知る。たとえば、体育の授業で皆がこぞってネダのことを笑っていたり、そのことをネダ自身が気に病んでいるのだとしたら、彼女が抱く心配な気持ちを変えようとする試みを著者は推奨しない。このような状況では、他者からの実際的な脅威の内容が、まず第1に検討されるべきである

　次節では、過度に内気な子が、対人場面や表現場面で抱く心配事のタイプを検討するとともに、それを支援するうまい方法を説明する。もしもあなたの子が抱える心配が、変えたり管理したりするにはあまりに堅固である場合は、有資格の精神衛生専門家を訪ねることを勧告する（第1章参照）。

心配事の見極め

　児童や青年が抱く心配事にはどのような特徴があるか。先にいくつか心配事を例示したが、過度に内気な子は以下に示すような心配事や誤った思考を抱く傾向にある。

- 特徴1　何かよくないことが起こりつつあるという予期を抱きやすい。ネダは、体育の授業で、皆が自分を見て笑っていると感じていたが、大半の児童は自分がすべき活動に集中していた
- 特徴2　ひどいことが起こったらどうしようと心配する。たとえば、10代の子は、学校の廊下で友だちから押されたり、突き飛ばされたらどうしようと心配する。たとえ、実際にそのような機会がほとんどなかった場合でさえである
- 特徴3　他の人は自分のことを話していると誤解する。たとえば、10代の子は、実際にそのような事実を確認していないのにゾッとする感覚を味わう
- 特徴4　自分のしたことがとてつもない結果を招くと、考えを飛躍させる。たとえば、10代の子は誰かにこちらから話し掛けると、学校では多くの友だちから無視されると心配する
- 特徴5　何かと戸惑い、その戸惑いがやがて恐怖に変わる。たとえば、10代の子は、バカげていると見られるのではないかと心配し、混乱して、もう学校には登校できないというの屈辱を感じる
- 特徴6　完璧か破綻かという2分法で考え、その中間がない。たとえば、10代の子は、会話が全体としてうまくいっているのに、会話の受け答えが何かぎこちないと感じる
- 特徴7　否定的な側面にばかり目を向けようとする。何かを一人で演じる10代の子は、公演の全体としてうまく言っている部分ではなく、たった一つの音の取り違いのほうにより強く執着してしまう
- 特徴8　自分でコントロールできることなのに、手に負えないと考える。たとえば、10代の子は、集団の取り組みがうまく進まないと狼狽（ろうばい）して、集団全体ではなく自分に非があると考える

どれがあなたやあなたの子にあてはまるであろうか。あなたの子が対人場面

ワークシート 6.1　ＳＴＯＰ法の検討事項

私に困難を感じさせる対人・表現場面（S）	その状況で私が抱く考え（T）
他のより現実的な考え（O）	自分を評価する（P）

や表現場面で、彼女をドギマギさせるような他に考えられる状況があるだろうか。まず最初に、ワークシート6.1を使って、彼女に大きな苦痛をもたらす対人場面をすべて挙げるように求める。それらの状況は、第3章や第4章で検討した内容をよく反映しているだろうか。不足があれば加えたい。次に、挙げられた場面で生じる心配事をリストアップするように求める。これらのリストは、子どもと力を合わせて、週に1回程度更新する。このワークシート6.1は、必要であればコピーを残しておくようにするとよい。

心配事を管理する方法

　対人場面で生じる子どもの心配事を見定めて表にまとめたら、この心配事に立ち向かい、それを変化させる作業に着手する。彼がその日に対人場面で経験した心配事についてその晩のうちによく話し合うようにする。青年期の人の場合は、このような作業を行なうことが難しいかもしれないが、それは構わない。あなたの子をそれ以上悩ますことのないように留意する。その日のうちに、特に強く、苦痛に満ちた心配事を置き換えるということに集中するのである。もしもあなたの子が苦痛をもたらすような心配事は一切ないと言うならば、そのままにしておけばよい。青年の中には、一過性の出来事として苦痛に満ちた心配事を抱える人がいる。もしあなたの子が非常に狼狽していたり、いつにも増して心配事が強い場合には、この節で示す方法が有効である。

　あなたの子が抱える心配事について彼と話をする際、あなたの子には"ＳＴＯＰ"（Silverman & Kurtines, 1996からの適用）という頭文字について考えるように

励ますとよい。

- S：自分が怖がったり（Scared）、神経質になる対人場面や表現場面とは
- T：こういう場面では、どんな考え（Thoughts）が頭に浮かぶか
- O：そういうとき、自分がとることのできる他の（Other）より現実的な考えは
- P：より現実的な思考方法をとることができた自分を賞賛する（Praise）

　まず最初にあなたの子は、自分自身が苦痛を感じる対人場面や表現場面を特定する必要がある。これらの状況は、第3章と第4章で検討されており、ワークシート6.1の第1欄で検討することとなっている。子どもに困難をもたらすような新たな対人場面や表現場面があれば、必要に応じて第1欄に追加欄を設けてもよい。新たな対人場面や表現場面であなたの子が自分に「私はいま怖がっているか。あるいは神経質になっているか」と問い掛ける。この問い掛けに「そのとおりである」だった場合は、その状況を具体的に1つ目の欄に書き加える。

　あなたは日々のわが子との話し合いで、1つ目の欄の対人場面や表現場面のリスト（S）を見て、それらのリストに掲げられる出来事が生じているかを確認し、あなたの子がその状況で心配事を抱えていたかどうかを確認する。あなたとわが子でこの心配事について話し合う際に、判断を下したり批判してはならない。ごく当たり前の経験に対して否定的な考えを抱いているようであれば、私たちはただ単に心配事が平衡を取り戻し、より現実的な考えと置き換えられるようにすればよい。あなたの子がその日に限って心配事を抱いているのであれば、ＳＴＯＰという頭文字のＴの欄を検討することになる。この検討は、ワークシート6.1の第2欄（右上の欄）に示されている。体育の授業におけるネダの心配事を思い起こしてみると、「体育の授業で、皆が自分を見て笑っている」というものだった。体育の授業は第1欄に記されることになり、彼女の抱く心配事のほうが第2欄に記されることになる。

　あなたの子が彼女の身に苦痛をもたらす原因を特定したら、次に、そのよう

第6章　リラクセーションと現実検討力の支援　145

な状況で「その考えについて検討する」ことでこの苦痛を和らげるようにする。あなたの子が対人場面や表現場面で生じる心配事を書き表す練習をしたら、もっと有益だろう。こういう状況でどのような感情が喚起されるか短くてよいから書き表すように求め、その書き付けられた内容を後で検討するようにする。あなたの子が苦痛を引き起こすような対人場面や表現場面に見舞われたときはいつでも、できる限りＳＴＯＰという頭文字のＳ（左上の欄）とＴ（右上の欄）についての検討が必要である。

　もしあなたの子が対人場面や表現場面で心配事（Ｔ）を書き表したら、彼女はもっと他の、より現実的な考えを思い浮かべなければならない。これは、ＳＴＯＰという頭文字のＯ（第3欄；左下）についての検討である。著者は、次節でこれらの他の考えを検討する。最後にこれらの状況の下でのより現実的な考えを検討することが可能であったなら、彼女はそのようにできた自分自身のことを人知れず賞賛する必要がある。これはＳＴＯＰという頭文字のＰ（第4欄；右下）についての検討である。あなたの子は、「できた！」「いい考えだ」「自分を誇らしく思う」のように自分に言い聞かせることができる。

　対人場面や表現場面で苦痛を感じることがあったら、できる限りＳＴＯＰという検討方法を、あなたの子が実践できるように促す。あなたの子がこの方法を、自動的にあるいは「受け売り」のようになるまで練習を積むべきである。言い換えれば、あなたの子が与えられた状況でより現実的な考えを発展させて、悪いことが生じる確率が実はたいへん低く、たいていの状況は自分が思うほど悪くならないということを現実味をもって受け入れるまで練習すべきである。それでは、より現実的な考えを発展させるための話題（ＳＴＯＰという頭文字のＯについての検討）に移るとしよう。

より現実的な考え

　あなたの子がＳＴＯＰという頭文字のＳとＴを容易に検討できるようになったら、あなたと彼女は次の段階に移行することになる。あなたがわが子と心配事について話し合う時、以下の問い掛けを心に留めるよう促し、心配事に立ち向かえるようにする（kearney & Albano, 2007から引用）。

- その出来事は、100%確実に起こるか
- 相手が自分のことをどう思っているかを知ることができるか
- 一体どんなよくないことが実際に起こるのか
- これまでにどんなことを経験したのか。それはよくないことだったか
- 一体何度ひどい目に遭ったのか
- そのような出来事を経験しているのは自分だけか
- この状況をやり過ごせなかったら、さらにどんなひどい目にあうのか
- それは自分のせいか

　過度に内気な子が対人場面や表現場面で経験する心配事の例を挙げて、本人がより現実的な考えをもつことができるよう話し合う事例を挙げてみよう。ここに挙げた質問に目を向けて、私たちは現実的な考えをもつことができるだろう。この練習のポイントは、心配事が生じたら前の作業に戻り、手中にある根拠に基づいて注意深くそれを吟味検討することである。ここで紹介される手法は、これまで登校拒否児に適用されてきたが、過度に内気な子にも、同様に適用することが可能である（Kearney, 2007）。
　青年期の内気な人がしばしば抱く心配事は、以下の8つのタイプに分類できる。

[タイプⅠ]　実際には起こりもしないことに対して、不安や恐怖を抱いてしまう
　実のところ冗談を面白がって笑っている時でさえ、教室に入ってきた友だちが、自分のことをあざ笑っているかのように受け取ってしまう。あなたの子がこのような考えを抱くとしたら、もっとありそうな説明を示してやることをつうじて、より現実的な考えをもてるよう励ましてやるとよい。ワークシート6.1のＳＴＯＰの方法を用いて、上記について問い掛ける。
　　［事例提示］
　　　あなた：よし。Ｓについて書いたね。今日（苦痛を感じた場面）は、教室に入った時のことだね。君が教室に入ったとたん、皆が自分を見て

第6章　リラクセーションと現実検討力の支援　147

　　　　　　笑ったと思ったんだね。（Tに該当）
　　子ども：うん。友だちは冗談を言い合っていたけれど、本当にイヤな気分
　　　　　　になったんだ。
　　あなた：分かるよ。今度はOの部分（ほかの考え方ができないか）を検討して
　　　　　　みよう。友だちは100％君のことを笑っていたと言い切れるか
　　　　　　な。正直に言ってみて。
　　子ども：100％ではないと思う。でも、分からない。
　　あなた：うん、いいよ。でも、何か他に起こっていたことはなかったの。
　　子ども：分からない。
　　あなた：よし分かった。今度はそれを考えてみよう。友だちが何か他のこ
　　　　　　とについて笑っていたとは考えられないかな。
　　子ども：友だちはいつも、とるに足りない冗談を言い合っている。友だち
　　　　　　は、そういう冗談について笑っていると思う。
　　あなた：違った角度から考えられたなんてスゴイじゃないか！　君の言う
　　　　　　とおり。友だちは、お互いにしていたことがあるのだから、何か
　　　　　　別のことを笑っていたかもしれないよ。
　　子ども：うん。友だちは自分たちがしていたことを笑っていたのかもしれ
　　　　　　ない。（この新しい考えを賞賛する［Pに該当］）

[タイプⅡ]　目の前で今起こっている出来事について、悪いほうに受けとってしまう

　学校で他の子に話し掛けなければならない子どもが、他の子が自分と話したくないと考えているという事例である。もしあなたの子がこういう考えをもつとすれば、より現実的な考えを発展させられるようにする必要がある。最も悪い事態を想定させて、それが実際に起こるかどうかを考えさせる。そして、そのひどいことが一体何度起こったかを考えさせる。ワークシート6.1のＳＴＯＰを用いて、上記について問い掛ける。

　　［事例提示］
　　あなた：よし。Ｓについて書いたね。今日気が重く感じたのは、君が友だ

ちに宿題について尋ねたときだったんだね。皆が君のことを無視したと思ったんだね。(Tに該当)

子ども：うん。みんなは僕から視線をそらしているように見えた。

あなた：分かるよ。今度はOの部分（他の考えができないか）を検討してみよう。友だちが皆自分のことを無視した時、どんなことが起こったのかな。実際に何が起こったの。正直に言ってみて。

子ども：うん。……ぼくがバカげていたのかもしれない。

あなた：うん、そうだね。仮によくないことがあって、友だちが黙っているとしたら、どうしたらいいだろう。

子ども：誰かに尋ねてみる。

あなた：そのとおり。仮によくないことが起こっても、これからはうまくやれるね。

子ども：大丈夫だと思う。

あなた：ついでに聞くけど、君はこれまで、何回くらい友だち全員から無視されたことがあるの。

子ども：ええと、1回くらいかな。でも、全員じゃなかった。

あなた：そうか……。

子ども：他の子は、僕のことを無視するわけじゃないし、もしそうだったとしても、別の子に話し掛ければいいし……。

あなた：そうだね。それがいいね。(Pに該当)

[タイプⅢ]　他人の考えを誤解し、悪いほうに受けとってしまう

　対人場面や表現場面で気の重さを感じる青年は、人はある考えをもっていて、その考えはたいてい良くないものだと考えることがある。たとえば、楽器の演奏中であれば、聴衆は自分の演奏をとてもひどいと感じているに違いないと思い込み、それで苦痛を感じてしまう。あなたの子がそんなふうに考えがちであったら、他の考え方をとることも可能で、人の考えを知り得るかどうかを問い掛けるなどして、もっと現実的に考えられるように励ましてやるとよい。ワークシート6.1のＳＴＯＰを用いて、上記について問い掛ける。

［事例提示］

あなた：よし。Sについて書いたね。今日は、演奏会があったね。聴衆は君の演奏をまったくひどいと思ったと感じていたんでしょ。（Tに該当）

子ども：うん。途中で間違えちゃって、皆は僕がまともに演奏できないと感じたと思う。

あなた：分かるよ。今度はOの部分（他の考えができないか）を検討してみよう。演奏を聴きに来たお客さんは100％そう考えたと言い切れるかな。君は実際それをどうやって知ることができたの。正直に言ってみて。

子ども：いや。演奏に夢中で、お客さんの様子は見ていなかった。

あなた：うん、そうだね。じゃあ、お客さんは他の考え方をしていたかもしれないね。

子ども：分からない。僕が考えすぎだっただけかもしれない。

あなた：そのとおり。中には演奏がうまくないと思った人もいるだろうけど、フル・オーケストラを前にして、よく立派に演奏したと感じた人もいたと思うよ。お客さんの中で、君に演奏中の失敗を知らせてきた人がいたの。

子ども：いや、いなかった。演奏が終わって近くに来て「誰にだって失敗はつきものだよ」と言ったのは、ママだけだった。それ以外、僕に話し掛けてくる人はいなかった。

あなた：よく別の考え方をすることができたね（Pに該当）。君の言うとおりだ。オーケストラの前で一人で演奏する君の姿を見て、聴衆は多少の失敗なんか気にならなかったんだ。

子ども：うん。よく分かったよ。

［タイプⅣ］　たった一つの事実から飛躍して、否定的な結論を導いてしまう

　このタイプの子は、彼らの行為の結果が、とんでもない結末をもたらすと（飛躍して）考えてしまう。たとえば、10代の子がたった一度のテストの点数を

拡大解釈して、その科目の成績全体が悪くなると考えるかもしれない。もしもあなたの子がこのように考える傾向があれば、他の考え方をとることもでき、今回みたいな結果（テストの失敗）は時には起こり得るものだということを示して、より現実的に考えることができるよう励ます必要がある。ワークシート6.1のＳＴＯＰを用いて、上記について問い掛ける。

　［事例提示］
　　あなた：よし。Ｓについて書いたね。今日はテストの点数が悪くて、もうこの科目の成績はダメだと思ったんだね。（Ｔに該当）
　　子ども：うん。そのテストではひどいことになってしまった。本当に信じられない！　もうダメだと分かっている。
　　あなた：分かるよ。今度はＯの部分（ほかの考えができないか）を検討してみよう。君が言うように、もう100％その科目の成績はダメになってしまうの。たった一度のテストの点数が悪かっただけで、もう取り返しがつかないほどひどいことが起こるというの。正直に言ってみて。
　　子ども：うん。失敗したのは事実だけれど……。結果がどうなるかは分からない。それから、この科目の今学期の成績は、たくさんの試問やテストで決まるから、1回のテストで決まるわけじゃない。それと、たくさんの宿題と課題もある！
　　あなた：そうだろう。
　　子ども：1回のテストがすべてを台無しにするほど悪い結果を生むわけじゃない。それに、ずっと悪い点数をとり続けるわけでもない。
　　あなた：そうさ。君が言うとおり、今度頑張ればいいだけなんだ。私も何か手伝えると思うよ。それにしても、君は、たった1回のテストの点数では、その学期の科目の成績は決まらないということを理解できたね。
　　子ども：うん。少し先走ってしまったみたい。（そして、新しい考え方ができたことに賞賛を与える［Ｐに該当］）

第6章 リラクセーションと現実検討力の支援

[タイプⅤ] あたふたしやすく、そこから、たちまちひどい帰結を想定してしまう

　児童期の子や青年期の人では、いざというときあたふたしてしまうのではないかと心配になる人がいる。たとえば、このタイプの子は、口頭説明を求めると、すぐに気に病んでしどろもどろになってしまう。重要なことは、あたふたしてもそれは一過性のもので、十分に管理できるということを想起するということである。誰しも戸惑いを覚えることがあることを（個人的な例を引いて）きちんと伝えなければならない。その上で、戸惑いはそう長く続くものでなく、あなたの子がその戸惑いをうまく扱うことができるのだということをしっかり告げる必要がある。ワークシート6.1のＳＴＯＰを用いて、上記について問い掛ける。

　［事例提示］

　　あなた：よし。Ｓについて書いたね。口頭での報告が求められた時に、もうあたふたしてしまって、とてもうまくやれそうにないと思ったんだね。（Ｔに該当）

　　子ども：うん。ことばがたどたどしくなって、自分がどうしようもなくバカげていると思っちゃった。それくらいとてもあたふたしてしまったんだ！

　　あなた：分かるよ。今度はＯの部分（他の考えができないか）を検討してみよう。誰だって時には戸惑うことがあるよね。あなたが小舟から湖に落ちて、家族と再会した時に、私の衣服がずぶ濡れになってしまったことがあったよね。

　　子ども：（笑う）　そうだった。忘れてた。

　　あなた：あの時は慌てたよ。誰だって慌てると思うよ。君にだって、そういうことは過去にあったと思うよ。

　　子ども：うん。教会で演奏した時は、舞台の上であたふたしたことを覚えている。

　　あなた：えっ。そんなことがあったの。

　　子ども：舞台から１度降りたんだけれど、また戻って演奏を続けたんだ。

あなた：どれくらい、そんなたいへんなことが続いたの。
子ども：小一時間くらいだったかな。
あなた：えらいね。たいへんだったけれど、舞台に戻って無事にやり終えたんだね。
子ども：うん。まあ。
あなた：そうだったんだ。
子ども：今日もたいへんだったけれど、いずれ忘れてしまうと思う。いまは学校にいたさっきより平気だし。それに口頭での報告をやり終えることもできた。
あなた：それはよくやったね。（Pに該当）

［タイプⅥ］　1か0かで物事を判断しやすく、"中間"の立場をとることができない

10代のわが子が帰宅するなり、友だちと口喧嘩をしてさんざんな1日だったと言って、すねている。しかし彼女は、それ以外の場面では結構うまく事が運んだのに、その事実を無視している。テストで良い点が取れなかったと言って狼狽（ろうばい）する子はいる。あなたの子がこんなふうになったら、その日全体を見渡して、より現実的に考えられるように励ましてやるとよい。ワークシート6.1のSTOPを用いて、上記について問い掛ける。

　［事例提示］
あなた：よし。Sについて書いたね。今日は友だちと口喧嘩をしてさんざんな1日だったんだって。本当に1日ひどいことだらけだったと思っているんだよね。（Tに該当）
子ども：うん。とても不愉快な感じだった。明日は、もう学校に行きたくない。
あなた：分かるよ。そのとおりだね。今度はOの部分（他の考えができないか）を検討してみよう。今日、すべての時間、あるいは1日のほとんどすべてでひどいことが起きていたんだね。
子ども：ううん。算数のテストは悪くなかったし、昼食時はカレンとジャ

第 6 章　リラクセーションと現実検討力の支援　153

　　　　　スティンが面白かった。
　あなた：それは良かったじゃない。ということは、うまくいった部分もあ
　　　　　ったんだね。
　子ども：うん。だいたいは大丈夫だった。
　あなた：うまくいかないことがあったら、どうなってしまうのだろう。完
　　　　　璧でなかった日に、すべてが悪い方向に進んでしまうのかな。
　子ども：そんなことはない。学校（高校）で悪いことばかりではなかった。
　あなた：私にだって、良い日もあればそうでない日もあるよ。皆そうだと
　　　　　思うな。うまくいかないところがあっても、それが普通のことな
　　　　　のじゃないかな。
　子ども：分かったよ。そのとおりだよ。（新たな考え方ができたという部分を賞
　　　　　賛［Pに該当］する）

［タイプⅦ］　注意の向け方が肯定的でなく、否定的なことがらに向けられやすい
　授業に出ることを心配している10代の子がいる。いろいろ質問されたり、教室に入る時にヒソヒソ話をしていることが気になって仕方がない。これに加えて、起こった出来事の肯定的な側面には、なかなか目が向かない。あなたの子がそういう考え方をした時、否定的な面と同じくらい肯定的な面に目を向けるよう、そしてより現実的な考え方をとれるよう、彼女を励ましてやるとよい。ワークシート6.1のＳＴＯＰを用いて、上記について問い掛ける。
　［事例提示］
　　子ども：よし。Ｓについて書いたね。明日は授業に出たくないし、君が先
　　　　　　生の問い掛けに答える際に、友だちが君のことを困らせるんだよ
　　　　　　ね。
　　子ども：うん。みんなは、週末にどこに行くのかとか、何をするのかとか
　　　　　　を聞いてきた。困らせてほしくない。家に居てはダメなの。
　　あなた：いや。でも明日は学校に行くよ。今度はＯの部分（他の考えができ
　　　　　　ないか）を検討してみよう。君に話し掛けてくる友だちに対し
　　　　　　て、他に思うことはないの。

子ども：何人かの友だちは、自分に会いたがっている。さっきのジャスティンは、「また、明日ね」と言って、別れたばかり。

あなた：それはよかったじゃないか！　ということは、そんなふうに君のことをみてくれる友だちもいるということだよね。友だちの中には、週末君が何をしているのかを知りたい子もいるんだよ。それから、中には君に会いたがっている子もいるんだよ。違うかい。

子ども：うん。そう思う。それに先生は、私を困らせるようなことは言わない。

あなた：それから、君を困らせるような質問は1日中続くの。

子ども：朝だけ。それに答えられないわけではない。

あなた：それなら大丈夫（[Pに該当]）。

[タイプⅧ]　自分に手に負えないと分かるや、"諦める"という考え方をとりやすい

　友だちのうちの2人とどうもうまくいかずに、困っている10代の子がいる。あなたの子がこんなふうに考えがちな場合、他の考え方を検討することによって、より現実的に考えられるようにする必要がある。そして、彼女がもっとうまく事態を管理できるようになるかどうかを見極める必要がある。ワークシート6.1のＳＴＯＰを用いて、上記について問い掛ける。

　　[事例提示]

あなた：よし。Ｓについて書いたね。そうか2人の友だちが君に強く迫ってきて、狼狽（ろうばい）してしまうということなんだね。（Tに該当）

子ども：うん。いつも喧嘩になって、冷静に話せなくなってしまうんだ。とても気分が悪くなるし。

あなた：どうしてなんだろうね。

子ども：きっと、自分も言い過ぎちゃうからだと思う。

あなた：うん分かった。今度はＯの部分（他の考えができないか）を検討してみよう。それって、本当にダメなことなのかな。他に、喧嘩になる原因はないの。

子ども：いつも喧嘩になっているから……そういえば、ヘクターは、他の女の子のこともからかっている。
あなた：それは、ケンカになる理由としては分かりやすいよね。
子ども：きっとそう。でも、すごく気分が悪くなっちゃう。
あなた：そうだよね。友だちの振る舞いに対して気分悪く感じることは仕方がない部分があるね。でも、他の人が君のことを煩わせるのはいつもじゃなく、必ず喧嘩別れで終わるわけでもない、ということをできるだけ理解しようとしなければならないね。
子ども：うん。そう思う。友だちとは仲良くしたいから。（新しい考え方がとれたことに対して賞賛を与える［Pに該当］）

STOP法の練習

　あなたの子が対人場面や表現場面について心配事を抱いているなら、その考え方を毎日取り上げ、その考え方を現実的なものに変えられるよう助けてやるとよい。さらに、ワークシート6.1を用いて、振り返りを行なう前に、STOP法を練習し、リストに挙げられている質問に順次答えて、心配事の中身を吟味し、現実的な考え方を発展させていく。練習を行なう際、あなたの子がより現実的に考え、悪い事ばかりは起こらないことに気づき、それらの場面に出わしても必ずそれらをうまく取り扱えることを支援すべきである。そして、その思考法の練習に先立って、筋弛緩や呼吸法も併用することが重要である。こういうふうにして、あなたの子は、対人場面や表現場面で生じる不安にともなう身体反応と思考への対処を達成していく。

すべきことと、すべきでないこと

　ここでは、すべきこととすべきでないこととを、以下に示す。

すべきこと
- あなたの子と協力して、呼吸法を助け、対人場面をうまく乗り切ること
- あなたの子と協力して、筋弛緩を助け、対人場面をうまく乗り切ること

- あなたの子と協力して、心配事をうまく扱うのを助け、対人場面をうまく乗り切ること

すべきでないこと

- 本章で述べた方法が効果をあげていないのに、リラックスを強要すること
- 幼い子に心配事を管理する方法を教えようとすること
- 現実の生活場面で練習することを求めず、リラックスや心配事を管理する方法を教えること

> **次章では**
>
> 　本章では、あなたの子が引っ込み思案の諸側面に対処するのを助け、対人技能や表現技能を発展させる方法を検討した。練習に際して、あなたの子が様々な人と相互作用する機会を増やし、苦痛を感じることなく人前で何かすることを促すべきである。しかし、恒常的な練習に勝るものはない。次章（最終章）では、著者は、あなたの子が達成した進歩を維持する方法を説明する。さらに、あなたの子に特有の問題を改善する方法や、それらの問題について検討する方法について言及する。

第7章 効果の維持と特別な問題

　エリンは小学4年生、9歳の少女である。彼女は、学校で他の人と関わることと、友だちを作ることにおいて、大きく進歩した。彼女はいつも内気だったが、彼女の保護者と教師は、彼女が以下のことをできるように緊密に連携して取り組んだ。すなわち、彼女が学級で今よりも話し、昼食時や遊び場でも同級生と話せるようになること、そして課外活動にも参加できるようになることである。エリンは、ソーシャルスキルにおいても大きな進歩を遂げた。彼女はアイコンタクトができるようになり、他の人が彼女の声を聞き取れるくらいの十分な声量で話すよう努めている。エリンは、今でもクラスのたいていの子どもよりは静かな子だ。しかし、以前より明らかに社交的で、数名の親友を得ている。

> **本章で解説すること**
> ・あなたの子が得た効果を維持すること
> ・あなたの家族、またはあなたの子に関する特別な留意点
> ・あなたが本書で説明する方法が効果的でないと感じた時にすべきこと
> ・他の利用可能な資源

　エリンのような子どもは、おそらくあなたの子と同様に、極度の引っ込み思案を克服することに熱心に取り組んでいる。もし、あなたの子がそれほど内気でなく、よりうまく他の人と関われるとしたら、あなたと子どもはたいへん努力したに違いない。子どもが得た効果を維持し、他の人と話す時の効果の継続を確かなものにするために、あなたは自分たちが次に何をすべきか思案するだ

ろう。この章では初めに、あなたと子どもが得た効果を維持するための、いくつかの示唆を提示する。またこの章では、極度に引っ込み思案な子が抱えやすい特別な留意点についても言及する。それは、きっとあなたの家族や子どもにも当てはまるだろう。子どもが本書で説明する方法につまずいた場合についても、考えを提示したい。まずは、子どもが得た効果を維持することについてのアイデアから始めよう。

子どもの効果を維持すること

　多くの保護者は、時間が経過する中で、子どものより良く改善した対人行動をいかに維持するかを心配する。これは良い心配である。著者らは、あなたの子に対人場面や人前で何か（腕前を披露）する場面で自信をもち、気楽であってほしいと思う。しかし、そうするためにはいくらかの継続的な努力がいる。以下は、子どもの手助けを継続するためのいくつかの示唆である。

　初めに、あなたと子どもは、他の人と話す時により社交的で、より気楽でいられるために効果的なすべての方法を実践し続けなければならない。家族が陥る大きな過ちは、一たん子どもがより良い対人行動を示すと、子どもの問題が解決し、すべてが「ごく普通の状態になっている」と思い込んでしまうことである。「ごく普通の状態になっている」とすることの問題点は、それが、子どもが特定の対人場面を避けたり、子どもを代弁してしまったり、子どもが他の人と話さなければならない場面を避けてしまったりするように、後戻りしてしまうということを意味するからである。私はそれを望まない。もしあなたと子どもが、本書で説明する方法を用いなくなれば、子どもは元の内気な状態に戻ってしまうだろう。

　あなたと子どもは、日々の対人場面で子どもに効果のある最も成功したいくつかの方法を実践しなければならない。それはあなたの役割と子どもの役割に大変な働きを要求することになる。しかし、それは努力に値するものだ。本書の中で最もあなたの子に役立つ方法を見極めればよい。たとえばあなたの子は、日常的な実践や自分でできる練習、ソーシャルスキルの促進、リラクセーションと呼吸法、心配事を取り除くこと、ロールプレイや著者らが議論した他

のいくつかの方法にしっかりと反応したか。すべての子どもは様々で、他の人たちよりも多くの方法に反応する。あなたの子に効果的だった方法に全力を注げばよい。そして、これらの方法を毎日確実に実践するのである。

　次に、あなたの子の役割において若干の退行を示すかもしれない兆候に、細心の注意を払う必要がある。たとえば、子どもは再び、対人場面または表現場面を避けてはいないか。社会的な集まりに出席しなければならない時、気の重さを感じることによる身体症状がないか。他の人が考えていることについて、再び極度に心配になり始めていないか。子どもが繰り返ししているかどうかに関係なく、極度の引っ込み思案（第1章と第2章で説明）の様々な側面について考えよう。子どもが時々これらの兆候を示したとしても、これは問題でない。たとえば、子どもは時々サッカーの練習の失敗について質問するかもしれないが、頻繁にはしない。しかしながら、別の子どもは頻繁に集まりに出席することを拒否したり、毎日他の人と交流することにとても苦悩するようになるかもしれない。けれども、こういう子どもは、本書で説明する方法の優れた実践から効果を得ることができるのである。

　著者は、あなたが子どもとこの本を時々読み返すことを勧める。子どもに関連する章や節を選択して、該当箇所に付箋を貼っておくとよい。上手な対人行動を維持し、不安に対処するために必要な方法に慣れ親しんでおくべきである。優れた実践は、逃避や気の重さ、心配事のような深刻な問題が将来大きくなるのを防ぐのを手助けするだろう。

　第3に、毎日、子どもの気の重さや対人行動の情報を更新し続ける必要がある。いったん、子どもが発話や他の人との関わりにおいて上達すると、あなたはワークシート（第2章で説明）を完了するのをやめたくなるだろうし、それらの優先度は低くなってくるだろう。しかしながら、一度他の人と関わることに困難を抱えた子は、保護者、教師、友人、そして身近な人が子どもを観察して、フィードバックし続けるなら、将来、問題を抱えることがより少なくなることが分かっている。対人場面で自分が味わう気の重さや逃避に親が絶えず気を使ってくれてることを知っている子どもは、そういった場面を避けたりしないだろう。

第4に、学年を通して関係する学校関係者と緊密に連携する必要がある。著者が何度か言及したように、学校関係者との良い協力関係は、対人行動について子どもを助け、将来の問題を防ぐためにも不可欠である。あなたの子が苦悩したり、悲しんだり、対人場面や表現場面を避けるようになったり、他の人と話さなくなったとしたら、即座に知ることができるよう、学校関係者と協働を続けなければならない。学業やテストのつまずき、他の子どもから脅しのような他にも問題に結び付きそうな出来事について学校関係者から教えてもらう必要がある。加えて、もしあなたが子どもの対人行動で何か新たな問題に気づいているならば、関係のある学校関係者に早急に知らせる必要がある。たとえば、あなたは子どもの教師と、新たな問題の芽を摘むための計画を迅速に立てることができるだろう。
　第5に、あなたの子の1日を振り返るために、毎晩、少なくとも2～3分間子どもと話すべきである。心配を募らせてはいけないし、子どもが直面している新しい社会的なチャレンジを無視してはいけない。子どもに学校生活について発散させ、他の子どもとの間に生じた問題の解決を手助けするべきである。そして、子どもが本書で説明する方法を実践し、協力的でいることが求められる。これらの議論は、対人場面または表現場面への過敏さをあなたと共有したいという子どもの意欲を強くするし、生じた問題を解決しようとする意欲も強くする。最近の成功についても子どもと話し、子どもを褒めるべきである。あなたの子は、その日、クラスで新しい子どもと話したり、休み時間に一緒に遊んだりすることを自発的にするかもしれない。こうした行動には大きな報酬を伴わせる必要がある。
　第6に、子どもに、これまでの数週または数ヵ月前の成功を思い出させるべきである。子どもがより内気になりつつある時、あなたと子どもがやってきたことがすべて無になったと考えてしまうものだが、決してそんなことはないはずである。子どもが最初どんな状態で、そして今、子どもがどのようになっているかを考えてみるとよい。全体像を見失ってはいけない。子どもがどのような場面を避けていたのか、気の重さを感じた時の子どもの身体症状はどんなだったか、どんな心配事が子どもを苦悩させていたのかを、考えてみるとよい。

これらのことが時間が経つとともにどのように改善したのか、子どもと話し合う必要がある。あなたはあなたの子が友だちと外出した時の写真を見せたり、これまでの成果を思い出させる品を見せたりしてもよい。子どもの成し遂げた成功について褒めてあげることが大切である。また、対人行動を維持するために子どもが今まさに取り組んでいる作業についても褒めてあげるとよい。

第7に、子どもが出席している集まりについて子どもが抱える小さな不満を軽視してはいけない。子どもは、いくつかの点であなたを「試している」かもしれない。たとえば、集まりに参加しなければならないことに文句を言ったり、気分が悪いと述べたり、学校でみんなに嫌われていると言ってきたりすることがある。子どもに協力的でいるべきだが、あまりこれらの訴えに注目しすぎてはいけない。子どもがそのようにすることを心配してはいけない（「くそまじめ」な状態に戻らない）。その代わりに、事実に対してシンプルに応対するとよい。子どもはイベントに行くことが期待されているのだし、元気だし、学校で誰に好かれて誰に嫌われているのかをより現実的に考えるべきだ、という事実で応対するのがよい。また子どもは、あなたにレストランでの注文を任せたり、ボーイスカウトの会合を避けるために癇癪(かんしゃく)をぶつけたり、教会のピクニック委員会に立候補することに際してとても無理だと思わせるために泣き叫んだりすることで、あなたを試しているのかもしれない。

子どもの不満や苦悩の解決に手を貸すべきだが、子どもが対人行動を実践しなければならないというあなたの期待が揺らいではならない。子どもは、ひどい行動によってあなたを降参させることはできないと理解するだろうし、子どもの文句（不平不満や苦悩）は減るだろう。

最後に、後戻りするのを許してはいけない。子どもが対人行動において特定の改善を示したのであれば、あなたはこれらの改善が維持されるのを期待するべきである。たとえば、もし子どもがバレエのレッスンを避けてきたのに、極度の引っ込み思案を克服することができレッスンに参加できたなら、いつでも出席することを期待し続けるべきだ。引きこもった状態へ後戻りすることを許してはいけない。子どもが毎日良い対人行動を示すことについて期待するのである。ただし、ひどい天気や病気のような特別な場合は、子どもは通常出席す

る集まりに参加できないだろう。常に子どもをより良い関わり、より良い会話、より良いソーシャルスキル、より良い不安のコントロール、そして、より良い努力へと後押しすることが求められる。

子どもに関する特別な留意点

家族や子どもが、本書で説明する方法を行なうのが困難であるような特別な留意点を抱えていることもあるだろう。著者が長年に渡って遭遇したそれらの留意点とこれらに取り組むための提案について、以下に説明することにする。

発達障害のある子

他の人とうまく関わる能力に影響を及ぼす発達障害を抱えた子どもがいる。たとえば、自閉症、知的障害、そして、アスペルガー障害である。自閉症は、社会性、言語および知的能力の遅れを含む重篤な発達障害である。自閉症児は、他の人に向ける対人行動をほとんど示さない傾向がある。自閉症児はしばしばアイコンタクトを避け、独りでいることを好み、グルグル回るような変わった行動を示し、自分自身や他の人を攻撃する。もしあなたの子が自閉症を抱えているならば、本書で説明する方法は有用ではないかもしれない。行動修正*と対人行動を促進するための他の集中的な方略を専門とする有資格の精神衛生専門家との綿密な活動を提案する。

知的障害児は、軽度、中度、重度に分けられる知的な遅れを抱えている。しかしながら、知的障害児の大部分（特に障害の軽度な人々）は、通常、他の人に対して至って社会的である。もしあなたの子が軽度の知的障害を抱えているならば、本書で説明する方法は有用である場合もあるが、有用でない場合もある。軽度知的障害児は、対人場面での実践とフィードバックから効果を得ることができる。しかし、第6章で説明した思考を用いた方略にはあまり反応が現れないかもしれない。もしあなたの子が中度か重度の知的障害を抱えているな

[訳者註]

*行動修正（行動変容法）：現代学習理論を基礎とする行動・態度・意識の変化と、そのために用いられる技法のことをいう。「行動療法」と概括されることもあり、狭義には条件づけの考えを応用して臨床上の問題の変容を目指す心理療法の1つである。

らば、著者は行動修正と対人行動を促進するための他の集中的な方略を専門とする有資格の精神衛生専門家との綿密な活動を提案する。

　アスペルガー障害児は、しばしば高い知的能力を備えているが、変わった対人行動を示すかもしれない。これらの子どもの一部は、会話の開始または継続、他の人の感情理解、表情理解、アイコンタクトの実施、そして、会話における声の抑揚の使用が困難である。他のアスペルガー障害児は、一方的な会話をし、しばしば他の人の会話を遮り、会話の中で1つの話題のみを話し、他の人にほとんど感情移入をせず、そして、比喩的な表現を字義通りに解釈する。もしあなたの子どもがアスペルガー障害ならば、本書で説明する方法の一部は有用である。円滑に他の人と関わるのを手助けし、他の人の感情や観点をよりよく理解するために、著者はアスペルガー障害児の支援に携わったことがある。保護者の中には本書で説明する方法が有用であると思う人がいるかもしれない。しかし、著者は有資格の精神衛生専門家と同様に、子どもの教師や他の学校関係者との緊密な相談をするよう勧めたい。

　あなたの子が発達障害であり、あなたが子どもの対人行動の促進を望むなら、リハビリテーション法（公法第504条項）か、他の人との関わりを向上させるための方法を含む個別教育計画（例：本書で説明する方法）を策定するために学校関係者と緊密に活動すべきである。あなたの子の対人行動が改善するペースが他の子どもより遅いかもしれないということを了解しておくことが必要である。それは良いことなのだ。あなたの子は、本書で説明する方法に関して長きにわたる実践を必要とするかもしれない。もしくは、リラクセーション訓練のような1つの方法に続けざまに集中する必要があるかもしれない。子どもの対人行動支援計画を大きな報酬、新しい問題の解決や学校で起こるかもしれない脅威の解決、学力向上と結びつけることを確実にするために、他の場合と同様に学校関係者と緊密に活動すべきである。

コミュニケーション障害のある子

　言語を理解し、表出し、他の人と関わる能力に影響を及ぼす可能性があるコミュニケーション障害を示す子もいる。これらの子は、以下の内容の症状を抱

えているかもしれない。

- 表出性言語障害：限定的な語彙、文構造の省略、そして、単語の想起、長いまたは複合した文を作ること、正しい時制の使用、流暢に話すことに困難を抱えていることを意味する
- 受容－表出混合言語障害：表現の障害に加え、話すときの混乱のような理解不足、単語や文章の理解のつまずき、聴覚処理の困難、不注意や引きこもりなどを意味する
- 音韻論的障害：発音、音の使用、音の構成における誤り、語尾の子音のような音の省略、舌縺れの音、不十分な形態素、混合音、または、不十分な呂律を抱えていることを意味する
- 吃音：頻繁な繰り返し、長く発声する音、単音節語、多くの感嘆詞または不完全な単語の使用、しばしばの会話の休止、特定の複雑な単語の回避、話すときの過剰な身体的な緊張を意味する。

　あなたの子がコミュニケーション障害を抱えているならば、本書で説明する方法は先述してきた箇所と同様に有効かもしれない。しかし、あなたは学校に勤務する言語病理学者や言語療法士（あなたの子の単語の形成、他の人の言っていることの理解、語彙の増加を手助けできる）と緊密に連携しなければならない。言語関連の障害のための多くの介入は、本書で説明する方法にとても合致している。たとえば、構音と受容言語能力を向上することを教えられた子どもは他の人と話す練習が必要である。同様に、吃音の子どもには、第6章で詳述されるリラクセーション法がしばしば効果的である。

うつ的な子
　うつ的であるために、他の人と関わることにつまずく子がいる。うつは、悲しい気分、楽しいはずの活動への興味や喜びの消失、体重の減少、食欲の変化、睡眠または活動レベルの低下、疲労、つまらないという感情、集中の困難、希死念慮を意味する。子どもは様々な理由のために落ち込むかもしれな

い。しかし、うつは概して他の人との関わりがほぼなくなる。実際に過度に内気な子の中には、他の人と関わることに関する意欲に影響するようなうつ症状を抱えている子どもがいる。

　あなたの子がうつ症状を抱えているかもしれないと考えるなら、その時は有資格の精神衛生専門家によるアセスメントと介入サービスを求めるべきである（第1章）。特に、より社会に積極的になる点、そしてより現実的に考えるという点で、うつへの介入はある程度本書で説明する方法と重なる。しかし、本書で説明する方法は、うつに取り組むことに特化して作成されていないため、必ず専門家の手助けを求めるようにしなければならない。場合によっては、他の人との関わりが稀であり、他の人に拒絶される子のケースでは、子どもがやがてうつにつながる可能性がある。有資格の精神衛生専門家は、あなたの子が経験しているうつの種類を決めることができる。そして、他の人との関わりの改善に関するいかなる方法の適用も有効に作用すると期待される。

心的外傷（トラウマ）を経験した子

　新たな心的外傷（トラウマ）を経験したために、他の人と関わることにつまずきを抱える子もいる。心的外傷（トラウマ）は、しばしばとても恐ろしい出来事（たとえば重傷、自動車事故、天災または身体的・性的虐待）に伴う外傷経験である。心的外傷（トラウマ）を経験した子どもは時々、他の人から引きこもり、そして、変わった遊び行動、悪夢、そして気の重さを示す身体症状を抱えている。別の子どもは極度に恐ろしい心的外傷（トラウマ）は経験しなかったが、完全な引きこもり生活に陥った。たとえば、子どもは、親の離婚、家庭内での家族の口論、ペットの死、新しい学校への転校を経験しているかもしれない。本書で説明する方法は、心的外傷（トラウマ）を経験し、生活を最近変化させたばかりの子にはある程度実用的かもしれない。しかし、これらの子どもへの介入は、はじめに心的外傷（トラウマ）に対処する彼らの能力にしばしば着目しなければならない。子どもが新たなトラウマを経験したなならば、有資格の精神衛生専門家のコンサルテーションを推奨する。

過度に引っ込み思案な子

　第2章で述べたように、引っ込み思案は、しばしば家族に受け継がれる特徴である。つまり、内気な子は内気な両親をもつ、ということだ。このことは、1つの家族の中の様々な子が過度に内気である可能性があることも意味している。あなたが過度に内気な複数の子を抱えているのなら、本書で説明する方法が有効かもしれないが、いくらかの微調整が必要になるかもしれない。たとえば、自分たちでできる練習（第3・4章）、ソーシャルスキルの促進（第5章）の前に、子どもは他者との効果的な会話をする練習、もしくはお互いの打ち解けてやりとりすることや、心配事の対処への援助もできる（第6章）。あなたが、ある子どもが他の子よりもほんの少しだけ進歩が遅いことに気づいた場合、その子どもに遅れないでついていくようにプレッシャーをかけてはいけないし、無理強いすることがあってはならない。

　あなたは、限られた時間の多くを過度に内気な子につぎこむことが効果的であると思うかもしれない。もっとも、その内気な子が他の子よりも年長であるならば、その子どもに全力を注ぐことは他の子にとっても見本として役に立つだろう。過度に内気な子が他の子よりも年少であるならば、あなたが本書で説明する方法（階層の作成、地域社会場面における実践、アイコンタクトのようなソーシャルスキルの促進、など）を実践するのを手助けするよう、年上のきょうだいに促すことができる。家族のメンバー（保護者、他の親戚、友人または学校関係者を含む）が本書で説明する方法に参加すればするほど、内気な子は良い結果を出してくる。

完璧主義な子

　過度に内気な子の中に完璧主義傾向がある子がいる。完璧主義とは、彼らが非の打ち所のない課題の実行、間違えることへ極度の心配、目標達成への能力に対する疑い、そして、秩序と整然さを強調することへの強いニーズを抱えていることを意味する。行動が子どもの日常の機能を妨げない限り、完璧主義は悪いことではない。学校における完璧主義は、児童生徒への勉強の動機づけの観点では良いことでもある。しかし、たとえば、児童生徒が学校への登校を拒

否する時、または間違いを恐れて宿題を提出しない時は好ましくない。内気な子は、時々、他の人から完璧であることを期待されていると考え、そして、愚かに見えることを悪いことと捉え、また、間違いを犯すことを恐れて引きこもることがある。

　過度に内気な子が完璧主義傾向を抱えているのなら、これらの特性があなたの子の助けになるかどうか考えてみるべきである。もしあなたの子の完璧主義傾向が学校の作業、出席、もしくは他の人との関わりを妨げていると感じるのならば、第6章で検討した方法のいくつかは役に立つだろう。完璧主義の子どもは時々、間違いがひどい結果、ネガティブな結果をもたらすと信じている。しかし、それは実際には真実ではない。子どもは完璧に口頭でのプレゼンテーションを暗唱できない、もしくは完璧に何かを言えないのならば、失敗となり、あざ笑われるだろうと信じているのかもしれない。様々な場面で故意に間違えるようあなたの子に求める必要がある。それからあなたの子が怖がる結果が実際に起きたかどうかを尋ねてみるのである（そして、それらが起きなかったことを確認する）。加えて、あなたの子に第6章で言及される質問の1つを考えるように求めることである。具体的に考える道筋は、次のとおりである。もし自分がこの状況において完璧でないとしても、それがどうだというのか。欠点が現れることは、日常においてごく当たり前のことであり、間違いは他の人に当然のことと予期され、そして大目に見られるということを理解できるよう、あなたの子を手助けするべきである。最も重要なことは、あなたの子の完璧主義傾向を他の人との関わりを避けるための言いわけとして役立てることを認めないことである。

からかいやいじめを経験した子

　過度に内気な子の多くは、特に他の人からのからかいに敏感であり、時々からかわれることへの心配のために人から引きこもる。軽いからかいは子どもにおいてはありふれたことである。しかし、内気な子の中には、どうすればよいのかが分からない子がいるため、不適切な方向でからかいに反応してしまう。内気な子は時々、泣く、一人で留まる、将来のからかいにも弱さを示す標的と

して仕える、といった最悪の選択肢を選ぶことになる。

　からかいに対する最善の反応は、抵抗する、笑い飛ばす、さもなければ、話題を変えることである。しかし、多くの過度に内気な子はなかなかそのようにはできないものだ。だから、これまでの対処に替えてからかいを無視し、その場を立ち去るように子どもに促すべきである。この方法は対人場面を回避しているように見えるかもしれない。しかし、目的はからかいを引き起こす報酬となる注目や動揺している反応といった子どもの行動を除くことである。子どもが挑発に反応しないよう求めるべきだ。もし、からかいがしつこいようなら、子どもに比較的安全な場所へ行くよう助言するとよい。からかいやいじめの多くは孤立場面で起こる。そのため、大勢の子どもと大人がいる学校内の場所へ行くようにあなたの子に言う必要がある。

　この方法に効き目がなく、からかい/いじめのひどい状況が続けば、スクールカウンセラーや手助けできる他の大人に、あなたの子のからかい/いじめについて報告させる必要がある。極度のからかいを減らすために何ができるのか、学校関係者と相談すべきである。そして最も重要なのは、すべての子どもがからかうのではないこと、そしてあなたの子に親切で、友人になる人を探し続けなければならないと子どもに言うことである。子どもがより多くの親交を発展させることで、子どもは他の人の仲間に加えられることになる。そしてその結果、からかいは起こりにくくなるだろう。

薬物療法

　保護者は時々、過度に内気な子、もしくは社会不安を示す子に薬物療法が助けになるかどうかと尋ねてくる。いくつかの研究では、より多くのテストが必要であるとしながらも、抗うつ剤を用いた薬物療法が極度の社会不安のある若者には助けになることを示している。社会不安のある若者への薬物療法は、深刻な兆候を示す社会不安とうつ症状のある若者のために、そして、有資格の精神衛生専門家から治療を受ける若者のために準備されている。あなたがあなたの子の社会不安に薬物療法から効果が得られると信じるならば、徹底したアセスメントを行ない、そして、あなたが適切なやり方を決めることを手助けでき

る精神科医と臨床心理士に相談すべきである。

本書で説明する方法が有効でなかったら

　本書で説明する方法があなたにとって有効であればよいのだが、問題が長引いているように見える場合はどうだろうか。たとえば、一部の保護者は以下のように話す。子どもは他の人と少し上手に話すようになったが、いまだに子どもは気が重く、狼狽(ろうばい)し、友だちを作ることに苦労している。他の保護者は以下のように話す。子どもはより社会的な役割を果たすようになったが、いまだに他の人が考えていることについて絶えず心配している。何ら効果的でないように思われる。実際どうなっているのか。

　いくつかのことが起きていると言えよう。最初に、本書で説明する方法が十分に長い間試されてこなかった場合である。それは多くの忍耐と粘り強さを必要とするが、極度の引っ込み思案や場面緘黙は、重要な結果が見えるまでに少なくとも数週間もしくは数ヵ月の取り組みが必要になるものである。加えて、子どもが他の人との関わりに問題を抱えている期間が長期になるほど、その子がより社会的になるまでに長い時間を要する。引っ込み思案や緘黙の障害がしばらくの間進展している場合は、治すのにかなりの時間がかかる。だから、あなたが本書で説明する方法を短い期間しか行なっていないなら、継続することをお勧めする。また、これらの方法についてスケジュールを調整するために、学校関係者と会うべきである。たとえば、あなたと学校関係者は、特定の方法を3週間試して、それらが効果的かどうか評価することにしようと同意するのもよいだろう。そうでなければ、この方法を少し「微調整」するか、他の新しい方略を試してもよいだろう。

　第2に、本書で説明する方法が一貫して使用されていない場合である。これは最もありがちな問題である。保護者は、時折、本書で説明する方法を「悪い日」には用いるが、「良い日」には用いないという罠に陥る。多くの保護者は、子どもが社会的な機能を担うことを拒否する時、誰とも話さない時、毎日することができない時にはこの方法を用いる。たとえその日に子どもの予定が何もなかったとしても、あなたは家庭で子どもに対人行動の練習（第3章）を

させ、そして、ソーシャルスキルを改善する課題（第5章）をさせるとよい。また、子どもが対人場面で抱える思考について本人と話し合い、リラクセーションする能力（第6章）を発展させるとよい。問題がある時だけ子どもと取り組む、という習慣に陥ってはいけない。加えて、あなたが本書で説明する方法を優先させないのなら、あなたの子も同様に優先させないだろう。対人行動が重んじられ、ソーシャルスキルを練習することが大切だという家族の期待を確立すべきなのである。

　第3に、本書で説明する方法が効果を挙げることを妨げるいくつかの問題が起こっている場合である。あなたが、あなたの子がより社会的になることを手助けしようとしていた間、普通でない何かが起こっていたのかもしれない。普通でない出来事には、乳児の誕生、家族の病気、交通事故、失業、引っ越しが含まれる。もしくは、若干の気の重さ感じる原因となった他のいくつかの特別な出来事が含まれる。そういう場合は、あなたの子が他の人と上手に話すのを手助けするために必要な努力をあなたが本当にしていたかどうか考えるべきである。もしそうしているなら、あなたが実現したいことを達成するための主要な出来事について、いかに「働きかけ」ているか見直してみる必要がある。たとえば、もし母親が入院しているのならば、他の人に子どもを課外活動に連れていってもらうようにしているか。

　第4に、本書があなたの状況には合っていないかもしれない場合である。第1章やそれに続く章で、本書で説明する方法の効果を発揮できなくする様々な状況について概説した。たとえば、登校拒否行動、深刻な行動障害、多くの対人場面への極度の回避、学校に関する恐怖、家族の問題などである。ある状況が妨げとなって、あなたは本書の方法を用いることができないと考えるなら、あなたは有資格の精神衛生専門家に相談するとよい（第1章）。有資格の精神衛生専門家は、あなたの子もしくは家族内で起きている深刻な問題にあなたが取り組むことを手助けすることができる。場合によっては、極度の引っ込み思案や場面緘黙は、これらの深刻な問題の1つの側面にすぎない。有資格の精神衛生専門家は、あなたが直面している独自の問題を理解し、あなたがその問題に対処することを手助けしてくれるに違いない。

最終的なコメントと他の資源

　本書を最後まで読んでくれたことに感謝する。著者は、あなたには、あなたの子が対人場面や表現場面でより自信をもち、快適になれるように手助けをするために努力する意志があるという事実を認める。著者の提案が、現在そして未来において効果的であることを願っている。あなたの子の極度の引っ込み思案が、本書では網羅できない特別な留意点を抱えていると思うなら、ぜひ、著者に知らせてほしい。何よりも、あなたは一人ぼっちではないのだということを思い起こしてほしい。多くの保護者はあなたが直面していることと同じ状況に直面し、著者のような多くの専門家がこの問題を研究している。著者たちは共に状況を変えることができるのである。

　本書で説明する方法は、科学的研究と、極度の引っ込み思案や場面緘黙を抱える子どもとともに取り組んだ著者の広い経験に基づいている。本書で網羅する方法の背景となる技術の裏づけに関する情報を読み込む必要はない。しかし、あなたの子が示す過度の引っ込み思案や場面緘黙の特性、原因、アセスメント、治療について追加的な文献を読みたい人もいるだろう。巻末に示す参考文献は、著者を含むこの領域の専門家がこれらの若者について記述し、そしてあなたが興味をもち、有効だと思うに違いない専門書の抜粋、章、学術雑誌を含んでいる。

監訳者あとがき

　私がカーニー（Kearney, C. A.）の著書をはじめて手にしたのは、1999年から2000年にかけてのことであった。ちょうど助手としての3年間の任期を終え、専任教員として異動するころのことである。購入した書籍は、"*Casebook in Child Behavior Disorders*"であった（Brooks/Cole; Wadsworthが版元）。現在も版を重ねて第V版を数えるこの事例集は、子どもの臨床でしばしば出くわす問題について、実際の事例をもとに見立てと介入がたいへんコンパクトにまとめられていて利用しやすかった。①事例（症状）、②査定（診断）、③治療（経過）、④検討という整理の仕方がわかりやすいばかりでなく、(a)症状の形成過程と、(b)症状の維持過程、それから(c)発達的な観点に立つ症状理解が明示されているのが気に入って、大学院の授業などで活用させてもらった。

　このたび学苑社・編集部の杉本哲也氏よりお話をいただき、若い人たちと一緒に、本書（"*Silence is not Golden: Strategies for Helping the Shy Child*"）を読んだ。全体を通読して概要を理解するのには、さして時間がかからなかったが、いざ親や教師が手元に置いて活用するということを考えると、翻訳に苦労するところも少なくなかった。「本書のねらい」にもあるとおり、本書は第一義的に親と教師の利用を念頭に置いて執筆されている。取り上げられている事例も身近なものばかりで、小学生から高校生までの子どもをもつ親にとっては、たとえわが子に引っ込み思案の傾向がなかったとしても、子育てやわが子との関わり方を見つめる契機を本書が提供してくれるであろう。あるいは、臨床心理士や精神保健福祉士、教育相談やスクールカウンセリングに従事する対人援助専門職にとっては、親子間の相互作用や学校生活場面における友だち同士の関わり合いを想像する助けになるに違いない。

　本書を手に取った読者がABA（応用行動分析）やCBT（認知行動療法）に関す

る書籍に触れたことがある、あるいはこれらの行動修正・行動変容法に関心がある場合には、本書をスラスラと読み進めることができるだろう。大学などで学習心理学や臨床心理学を学んだ人は、たとえ子育てや心理臨床の経験がなくとも本書の内容を理解することができ、基礎的な学問がいかに日常生活の問題解決場面で役に立つかを知ることとなるだろう。本書の翻訳に携わった者は皆、原著者のカーニーと同じく引っ込み思案な子が気の重さを感じることなく、体調不良も示さずに、対人場面で自分らしく振る舞うことができるよう支援を提供したいと考えている。本書を参考にしながら、わが子に無理なく継続できる課題は何かを見極めて、子どもたちの可能性を広げる実践をしよう。

　最後に、本書の翻訳にあたっては学苑社のご理解と、編集部の杉本哲也氏のご尽力を賜った。本書を手にしてから2年余が経過してしまったが、辛抱強く私たちを見守り支えてくれたのは、杉本氏をはじめとする学苑社の人たちである。お蔭でこのように読者のお手元に本書を届けることができた。本書が引っ込み思案な傾向のある子どもたちの幸せのために役立てられることを願ってやまない。

大石幸二

文献

Albano, A. M., Mallick, R., Tourian, K., Zhang, H. F., & Kearney, C. A. (2004). Children and adolescents with social anxiety disorder: School refusal and improvement with venlafaxine ER relative to placebo. *European Neuropsychopharmacology, 14*(Suppl 3), S307–S308.

Chavira, D. A., Stein, M. B., & Malcarne, V. L. (2002). Scrutinizing the relationship between shyness and social phobia. *Journal of Anxiety Disorders, 16*, 585–598.

Cohen, S. L., Chavira, D. A., Shipon-Blum, E., Hitchcock, C., Roesch, S. C., & Stein, M. B. (2008). Refining the classification of children with selective mutism: A latent profile analysis. *Journal of Clinical Child and Adolescent Psychology, 37*, 770–784.

Coplan, R. J., & Arbeau, K. A. (2008). The stresses of a brave new world: Shyness and adjustment in kindergarten. *Journal of Research in Childhood Education, 22*, 377–389.

Coplan, R. J., Arbeau, K. A., & Armer, M. (2008). Don't fret, be supportive! Maternal characteristics linking child shyness to psychosocial and school adjustment in kindergarten. *Journal of Abnormal Child Psychology, 36*, 359–371.

Coplan, R. J., & Armer, M. (2005). 'Talking yourself out of being shy': Shyness, expressive vocabulary, and adjustment in preschool. *Merrill-Palmer Quarterly, 51*, 20–41.

Crozier, W. R., & Hostettler, K. (2003). The influence of shyness on children's test performance. *British Journal of Educational Psychology, 73*, 317–328.

Denissen, J. J. A., Asendorpf, J. B., & van Aken, M. A. G. (2008). Childhood personality predicts long-term trajectories of shyness and aggressiveness in the context of demographic transitions in emerging adulthood. *Journal of Personality, 76*, 67–100.

Greco, L. A., & Morris, T. L. (2001). Treating childhood shyness and related behavior: Empirically investigated approaches used to promote positive social interactions. *Clinical Child and Family Psychology Review, 4*, 299–318.

Heiser, N. A., Turner, S. M., & Beidel, D. C. (2002). Shyness: Relationship to social phobia and other psychiatric disorders. *Behaviour Research and Therapy, 41*, 209–221.
Kearney, C. A. (2005). *Social anxiety and social phobia in youth: Characteristics, assessment, and psychological treatment*. New York: Springer.
Kearney, C. A. (2007). *Getting your child to say "yes" to school: A guide for parents of youth with school refusal behavior*. New York: Oxford University Press.
Kearney, C. A. (2010). *Casebook in child behavior disorders* (4th ed.). Belmont, CA: Wadsworth/Cengage Learning.
Kearney, C. A. (2010). *Helping youths with selective mutism and reluctance to speak: A guide for school-based professionals*. New York: Oxford University Press.
Kearney, C. A., & Albano, A. M. (2007). *When children refuse school: A cognitive-behavioral therapy approach/Parent workbook* (2nd ed.). New York: Oxford University Press.
Kearney, C. A., & Drake, K. (2002). Social phobia. In M. Hersen (Ed.), *Clinical behavior therapy: Adults and children* (pp. 326–344). New York: Wiley.
Kearney, C. A., & Vecchio, J. (2006). Functional analysis and treatment of selective mutism in children. *Journal of Speech and Language Pathology–Applied Behavior Analysis, 1*, 141–148.
Kearney, C. A., & Vecchio, J. L. (2007). When a child won't speak. *Journal of Family Practice, 56*, 917–921.
Ollendick, T. H., & Cerny, J. A. (1981). *Clinical behavior therapy with children*. New York: Plenum (now Springer).
Rubin, K. H., Coplan, R. J., & Bowker, J. C. (2009). Social withdrawal in childhood. *Annual Review of Psychology, 60*, 141–171.
Silverman, W. K., & Kurtines, W. M. (1996). *Anxiety and phobic disorders: A pragmatic approach*. New York: Plenum (now Springer).
Spooner, A., Evans, M. A., & Santos, R. (2005). Hidden shyness in children: Discrepancies between self-perceptions and the perceptions of parents and teachers. *Merrill-Palmer Quarterly, 51*, 437–493.
Vecchio, J. L., & Kearney, C. A. (2005). Selective mutism in children: Comparison to youths with and without anxiety disorders. *Journal of Psychopathology and Behavioral Assessment, 27*, 31–37.
Vecchio, J., & Kearney, C. A. (2009). Treating youths with selective mutism with an alternating design of exposure-based practice and contingency management. *Behavior Therapy, 40*, 380–392.
Viana, A. G., Beidel, D. C., & Rabian, B. (2009). Selective mutism: A review and integration of the last 15 years. *Clinical Psychology Review, 29*, 57–67.

索 引

〈ア行〉
アイコンタクト　11
アスペルガー症候群　16
アセスメント　168
内気　5
うつ　15

〈カ行〉
階層　73
回避　10
学業不振　72
過呼吸　8
学校心理士　20, 92
気質　7
協働　90
共同作業　8
筋弛緩　18
現実検討力　129
行動修正　162
行動障害　14, 170
行動変容　34
行動抑制　25
公法第504条項　92
交友関係　72
呼吸法　43
個別教育計画　163
孤立　72
コンサルテーション　165

〈サ行〉
自己信頼感　131
自閉症　16
社会恐怖　6
社会不安　6
情動状態　7
神経質　130
心的外傷（トラウマ）　28, 165

心的外傷（トラウマ）経験　29
心配事　9, 25
スクールカウンセラー　168
スクールソーシャルワーカー　20
ＳＴＯＰ　143
精神衛生専門家　13
精神疾患　12
精神遅滞　16
ソーシャルスキル　10
ソーシャルスキル・トレーニング　104

〈タ行〉
注意欠陥・多動性障害　14
登校拒否　13

〈ナ行〉
内向　10

〈ハ行〉
パーソナリティ　25
発達障害　14
発展課題　59
場面緘黙　6
引きこもり　10
引っ込み思案　6
不安階層　103
不安障害　12
フィードバック　84
プラン　126
プロンプト　84
包括的行動支援　16
報酬　45

〈マ行〉
モデリング　106

〈ヤ行〉
薬物療法　168
欲求不満　5

〈ラ行〉
リラクセーション　95
ルーティーン　66
練習　106
ロールプレイ　89

著者紹介

著者

クリストファー・A・カーニー（Christopher A. Kearney, Ph.D.）
ネバダ大学ラスベガス校の心理学教授。附属の登校拒否・不安障害クリニックの所長を務めるとともに、臨床トレーニングの責任者も兼任している。ニューヨーク州立大学アルバニー校で博士の学位を取得した後、ミシシッピ大学メディカルセンターでインターンを経験し、1990年にネバダ大学ラスベガス校に着任した。研究分野は、児童や青年に見られる(1)怠学や登校拒否、(2)児童虐待による心的外傷後ストレス障害、(3)場面緘黙、(4)社会不安・不安関連障害などにわたっている。研究室に所属する大学院生と共同で多くの著作を発表しており、心理臨床家や臨床医に多くの診断尺度を提供している。また、対人援助専門職や教育行政担当者のためのワークショップも数多く開催している。

監訳者

大石　幸二（監訳、本書のねらい、第3章、第4章、第5章、第6章、第7章、訳者註、監訳者あとがき）
立教大学現代心理学部・教授
1967年生まれ。筑波大学大学院心身障害学研究科博士課程単位取得満期退学。専門は、応用行動分析、特別支援教育、臨床発達心理学。
主な著書：『通常学級における特別支援教育の視点に立った学級経営―未来志向の教育デザイン―』（編、学苑社）『社会福祉学事典』（分担、丸善）、『社会性発達支援のユニバーサルデザイン』（分担、金子書房）他。

分担訳者

野口　和也（第3章）
近畿大学豊岡短期大学・専任講師

成瀬　雄一（第3章）
武蔵野短期大学・助教

太田　研（第2章）
星美学園短期大学・専任講師

矢野　善教（第7章）
江戸川大学総合福祉専門学校・非常勤講師

齋藤　正樹（第1章）
立教大学大学院現代心理学研究科・博士課程後期課程

親子でできる
引っ込み思案な子ども支援　　　　　　　　Ⓒ2014

2014年8月1日　初版第1刷発行

著者　　クリストファー・A・カーニー
監訳者　　大石幸二
発行者　　佐野　正
発行所　　株式会社　学　苑　社
　　　　　東京都千代田区富士見2-10-2
電話㈹　03（3263）3817
fax.　　03（3263）2410
振替　　00100-7-177379
印刷　　藤原印刷株式会社
製本　　株式会社難波製本

検印省略　　　　乱丁落丁はお取り替えいたします。
　　　　　　　　定価はカバーに表示してあります。

ISBN978-4-7614-0763-6 C3037

通常学級における特別支援教育の視点に立った学級経営
▼未来志向の教育デザイン

大石幸二 編　久木健志・石河信雅・中内麻美 著　●四六判／本体1400円＋税

「子どもたちの学び」と「教師の学び」を重ね合わせながら、教育イノベーションを生み出すための仕組みについて提示。

学校支援に活かす 行動コンサルテーション実践ハンドブック
▼特別支援教育を踏まえた生徒指導・教育相談への展開

加藤哲文・大石幸二 編著　●A5判／本体2800円＋税

行動コンサルテーションを行なう上で必要な概念や技法そしてツールの解説とともに、豊富な実践事例を紹介。

学校コンサルテーション
▼統合モデルによる特別支援教育の推進

W・P・アーチュル／B・K・マーテンズ 著　大石幸二 監訳　●A5判／本体4500円＋税

専門家が学校の実情に応じた教師に対する支援を効果的・効率的に展開するために、必須の基本的情報を網羅した。

ABAスクールシャドー入門
▼特別に支援が必要な子どもたちを園や学校でサポートする親・セラピストそして先生のために

山本淳一 監修　吉野智富美 著　●A5判／本体2400円＋税

ABAの理論と方法を用いながら、スクールシャドーを効果的に実施するためのノウハウをまとめた実践的な1冊。

インクルーシブ教育の実践
▼すべての子どものニーズにこたえる学級づくり

C・マクグラス 著　川合紀宗 訳　●A5判／本体2800円＋税

アメリカで実際に行なわれているインクルーシブな学級の経営・実践法を具体的に紹介。教師のためのガイドライン。

場面緘黙Q&A
▼幼稚園や学校でおしゃべりできない子どもたち

かんもくネット 著　角田圭子 編　●B5判／本体1900円＋税

72のQ&Aをベースに、緘黙経験者や保護者らの生の声などを載せた110のコラム、そして17の具体的な実践で構成。

どうして声が出ないの？
▼マンガでわかる場面緘黙

金原洋治 監修　はやしみこ 編　かんもくネット 編　●A5判／本体1500円＋税

「なぜ声が出ないのか、どうすればよいのか」を具体的にマンガで説明。適切な対応の手引き書となる。

なっちゃんの声
▼学校で話せない子どもたちの理解のために

はやしみこ ぶんとえ　金原洋治 医学解説　●B5判／本体1600円＋税

「どうしていつもしゃべらないの？」子どもたちの疑問にやさしく答える絵本。場面緘黙を理解するための医学解説も収録。

エビデンスに基づいた吃音支援入門

菊池良和 著　●A5判／本体1900円＋税

吃音外来医師の著者が、マンガや図表を多用し、吃音の最新情報から支援までをわかりやすく解説。長澤泰子氏推薦！

新スクールソーシャルワーク論
▼子どもを中心にすえた理論と実践

山下英三郎・内田宏明・牧野晶哲 編著　●A5判／本体2500円＋税

スクールソーシャルワークを「子どもの側からの実践」とするために重要な理論的事項や実践展開におけるポイントを解説。

〒102-0071　東京都千代田区富士見2-10-2　**学苑社**　TEL 03-3263-3817（代）　FAX 03-3263-2410
http://www.gakuensha.co.jp/　info@gakuensha.co.jp